炉边话明史

社会变局与历史迷思

金性尧◎著

天津出版传媒集团
天津人民出版社

图书在版编目（CIP）数据

炉边话明史：社会变局与历史迷思 / 金性尧著 . --
天津：天津人民出版社，2019.5
ISBN 978-7-201-14385-9

Ⅰ . ①炉… Ⅱ . ①金… Ⅲ . ①中国历史 - 明代 - 文集
Ⅳ . ① K248.07-53

中国版本图书馆 CIP 数据核字 (2018) 第 302507 号

炉边话明史 社会变局与历史迷思
LUBIAN HUA MINGSHI SHEHUI BIANJU YU LISHI MISI
金性尧 著

出　　版　天津人民出版社
出 版 人　刘　庆
地　　址　天津市和平区西康路 35 号康岳大厦
邮政编码　300051
邮购电话　（022）23332469
网　　址　http://www.tjrmcbs.com
电子信箱　tjrmcbs@123.com

责任编辑　章　赪
封面设计　王　鑫

制版印刷　北京市松源印刷有限公司
经　　销　新华书店
开　　本　620 × 889 毫米　1/16
印　　张　14
字　　数　110 千字
版次印次　2019 年 5 月第 1 版　2019 年 5 月第 1 次印刷
定　　价　59.00 元

目录

明代的选秀女

明多虐政莠政，前者如廷杖，专为虐辱士大夫；后者如选秀女，祸及年轻的闺女。元稹曾于新乐府《上阳白发人》中咏玄宗时花鸟使扰民事，与明之选秀女即有类似处。名为“选”，实是强掠。孝宗弘治年间，浙江绍兴等府，讹言越中诏选淑女（即秀女），一时奔娶殆尽。虽是讹言，亦见民间对此恐惧之甚。为祸最烈的为穆宗隆庆二年，据查继佐《罪惟录·五行志》所载，当时“千里鼎沸，男女失配，长幼良贱不以其偶”。又据崇祯《吴县志》：“时传朝命选吴中女子入宫，民间争相婚配，多至失伦。”连寡妇也为此而草草成婚。故褚人获《坚瓠集》卷一，记有“堪笑一班贞节妇，也随飞诏去风流”语。陆心源《归安县志》卷五十引徐复祚《三家村老委谈》：“隆庆二年正月初八九日，民间讹言朝廷点秀女，自湖州而来，人家女子七八岁以上，二十岁以下，无不婚嫁，不及择配，东送西迎，街市接踵，势如抄夺，官府禁之不能止，真人间之大变也。”当时沈一贯曾作歌行《观选淑女》云：

长安女儿巧伺人，手持纨扇窥芳尘。姊妹相私择佳丽（通“俪”），无过愿得金吾婿。如何天阙觅好逑，翻成凌乱奔榛丘。吏符登门如索仇，斧柱破壁怒不休。父母长跪兄嫂哭，愿奉千金纵吏赎。纷纷宝马与香车，道旁洒泪成长渠。人间天上隔星汉，天上岂是神仙居，吁嗟，天上岂是神仙居。

首句的长安女儿泛指名都大邑的女子，结尾的天上指皇宫，大家闺女皆不愿入宫，《红楼梦》中元春归宁时，就是含着泪水诉着委屈。

作者沈一贯为隆庆二年进士，授翰林院检讨，诗中所咏正与时事相符。

甲申之变后，福王朱由崧即位于南京，而小朝廷的纸醉金迷的淫靡之风愈演愈烈。千仞冈樵人陈于王题《桃花扇》诗云：“玉树歌残迹已陈，南朝宫殿柳条新。福王少小风流惯，不爱江山爱美人。”王士祯《秦淮杂诗》之十云：“新歌细字写冰纨，小部君王带笑看。千载秦淮呜咽水，不应仍恨孔都官。”这是讽刺阮大铖以《燕子笺》等剧本，用吴绫作朱丝阑书进宫以娱福王。孔都官指孔范，为陈后主的嬖臣狎客，借指阮大铖。这都反映了小朝廷的燕雀处堂的荒唐苟安景象。临安的南宋政权尚可说是偏安，弘光朝连偏安也谈不上。弘光选秀女的扰民情状，可于陈子龙《论选宫人疏》中见之：“昨忽闻有收选宫人之举，中使（太监）四出，搜门索巷，凡有女之家，不问愿否，黄纸帖额，即掠之而去，以致里井骚然，人情惶骇，甚非细故也……今未见明旨，未经有司，而中使私自搜采，不论名家下户，有夫无夫，畀以微价。挟持登舆，宜小民之汹汹也。”末署崇祯十七年八月二十日。明思宗自缢于崇祯十七年三月十九日，这里书八月二十日者，盖新君虽即位而尚未颁新年号，在清朝则为顺治元年。即是说，大行皇帝死难才五个月，小朝廷已急忙忙地在渔色掠美了。

福王有旨云：“选用宫女，恐扰小民，今用价平买，何得有此讹传？在城棍徒媒妇，屡旨严戒，不许借端诈骗，违者法司重处。”陈子龙疏中，原有“但当发德音，下所司，或在礼部，或在五城，悬价收买”语，这也是面临福王这样“不爱江山爱美人”的纨绔皇帝的转圜办法。廷旨却反唇相讥，以“用价平买”相搪塞，但陈疏明言“畀以微价”，可见其中自有人坐享其利。说到底，扰民的祸首还在选秀女这一事件本身。朝廷既有此莠政，则地痞土豪、三姑六婆之流乘间插手，为虎作伥，也是必然的结果，所以能够“借端诈骗”，就因有此恶端。

徐鼒《小腆纪年附考》卷七云：“二十五日庚辰，忽传皇太后懿旨，遴选中宫，寻命选淑女于杭州。内官田成、李国辅分路广选，隐匿者邻人连坐。民间大扰，昼夜嫁娶，贫富良贱妍媸老少俱参错，合城若狂。”这个太后为邹氏，崇祯十四年李自成军破洛阳，其夫老福王朱常洵被杀，她因而失散流亡，至十七年八月十三日，才自河南奔抵南京，她也许是顺从儿子的心意。朱由崧如果不登位，她也做不成皇太后。无论是太后或秀女，都是从两个方面反映了中国妇女命运的暗影。

明宰辅掇录

唐代宰相的籍贯大多是北方，因唐人对南人是歧视的。宋初也看不起南人，宋中叶以后，南人多而北人少。明宰辅 189 人，南人占三分之一强，其中江南（指今江苏、安徽）35 人，浙江 32 人，江西 26 人。

王鏊是吴县人，成化十一年一甲第三名，即探花，后为文渊阁大学士。他因宋人曾有“南人不可为相”之说，故著《相论》（《震泽集》卷三十三）驳之。他认为置相的标准在贤佞不在地区，这当然是对的。又在《读宋史》中说：宋世权奸误国，以至于亡，“我朝不立宰相，岂非以宋为鉴乎？虽然，非相之罪也，任相者之罪也”。明代不立宰相，绝非鉴于宋权相之覆辙，他当然明白。从他结尾的两句来看，他其实是在批评罢相之非。

黄宗羲在《明夷待访录》中，就直白地说：“有明之无善治，自高皇帝罢相始也……其后天子传子，宰相不传子。天子之子不皆贤，尚赖宰相传贤足相补救，则天子亦不失传贤之意。宰相既罢，天子之子一不贤，更无与为贤者矣。”这段话说得非常精辟。后面又说无宰相之名而有宰相之实者却是宫奴，即太监。宫奴所以有宰相之实，其过即在太祖之罢相。

太祖废相之初，雷厉风行，明降诏旨，以后臣下有奏请立丞相者，即以凌迟处之。

太祖为什么废丞相？楔子是由于丞相胡惟庸之反，但反的是胡惟庸，并非丞相本身，太祖难道不明白？实际是要建立一个绝对专制的格局，即有王室而无政府。中书省原为决策机构，六部为中书省所隶属，丞相正一品。罢省后，即分中书省之政归六部，以尚书治理国事，副以侍郎，更无领袖人物，而天子总其成，六部长官只是他的幕僚。尚书由正三品升为正二品，侍郎由正四品升为正三品。换言之，全国各项政治活动，全由皇帝遥控。太祖以匹夫而得天下于马上，自有其过人的充沛精力。

成祖即位，始开内阁于东阁门，即文渊阁，命翰林中品才卓著者入值赞襄，旨在使君臣之间多相沟通，在内廷发挥作用，以弥补太祖废相之失。入阁者大都为编修、检讨、侍讲、侍读，不置官属，不制诸司。终永乐之世，未曾改秩。

这以后，阁权随朝代而逐渐加重。《明史·宰辅年表》序言云：“至仁宗而后，诸大学士晋尚书、保、傅，品位尊崇，地居近密，而纶言批答，裁决机宜，阁权之重，偃然汉唐宰辅，特不居丞相之名耳。诸辅之中，尤以首辅为重。”

仁宗（成祖之子）的年号为洪熙，享国仅一年，此后即进入明之中叶。明制，状元授修撰，榜眼、探花授编修。英宗天顺二年，经翰林学士李贤奏定，修撰、编修专选进士。自此非进士不入翰林，非翰林不入内阁。南北礼部尚书、侍郎及吏部侍郎（六部以吏部居首）非翰林不任，而进士始进之时，已被人目为储相，由翰林拜相者十分之九。明代科举盛于前代，而翰林之深严荣隆，尤为前代所无。唐之翰林，有的只是皇帝的诗酒清客，故有翰林供奉之称，意为在皇帝身边侍奉的人，如李白的《清平调》，便是以诗曲供奉玄宗及杨妃。这三首诗，颇为后人传诵，其实是高级的媚上宫词而已。

明代大学士只是正五品（清正一品），尚书正二品（清从一品），故仍以尚书为重，署衔必称某部尚书兼某殿阁大学士，本衔在下，兼衔反而在上。

由于皇帝不与内阁交接，深居宫禁不亲政务，中间尚须通过太监传递，阁权充其量不过票拟，批红则由太监代理[1]，司礼监之权于是高出宰辅，遂如黄宗羲所慨叹的，宫奴成为无名有实的宰相了。

[1] 群臣所进文书，由皇帝亲批数本，其余由司礼监按阁票所拟照录，或奉旨更改，用朱笔批之，称批红，所以其弊极大。

晚明的太监政治

太监起源于何时，这里不及详考，但它的出现，为了适应君主的多妻则是可以肯定的。因为他们都是“刑（宫刑）余之人”，这就恰好用来守护宫闱，侍候后妃，成为皇家最忠心的家奴。黄宗羲在《明夷待访录·阉宦下》就指出，君主所以信用太监，“由于人主之多欲也”。太监无儿，进宫之后，就和家属亲友隔绝，所以篡位的危险也少，因为篡了位也没法儿传给子孙。如颜师古所说，“少骨肉之亲，无婚姻之家也”（《汉书·石显传》注）。即是说，他们没有什么复杂的社会关系。其次，相对说来，士大夫自尊心强，有时要“批逆鳞”。太监则以奴婢自居，安于自卑，也使君主之喜爱太监甚于士大夫。再从君主们的生活方式看，平日既深居简出，下朝之后，唯一能接近的只有太监和后妃，因而感情也容易积累了。

太监在生理上虽是阉人，另一方面，毕竟又可看作堂堂七尺之躯的男子汉，比后妃们占了便宜，因而仍可以派他们去应付大臣，到社会活动，以至批阅文件，统领军队；也因为这样，太监就有了弄权紊政的机会。

中国历史上虽不曾有过篡位的太监，却有过实质上的太监皇帝，这就是秦朝的赵高和明朝的魏忠贤。

唐朝的高力士，曾经娶过河间人吕玄晤之女为妻。因吕氏生得很漂亮，当时遂有“国姝”之称。明朝的魏忠贤，则因私通熹宗的乳母客氏而起家，故常“客魏”并称。

客氏本是定兴县人侯二之妻，做了皇家的乳母后，便封为奉圣夫人。她儿子侯国兴、弟客光先，都借她的光而为锦衣千户，锦衣卫的长官多由勋戚充任，于是他们也成为皇亲国戚一伙了。

客氏在宫中时住在咸安宫，外面另有“私第”。逢到出宫，皇帝事先便传一特旨，说是某月某日奉圣夫人要往“私第”了。出入时间都在五更，先乘小轿，后换八人大轿，灯烛点了二三千根。到了“私第”，便升厅而坐，迎接的人排队叩头，高呼“老祖太太千岁”（其实只有三十岁），她也以“圣上八母之一”自居。魏忠贤本不识字，只因做了客氏面首，便被提升为司礼监秉笔太监。司礼监居明代宦官二十四衙门的首席，秉笔监的职务是掌管章奏，代皇帝批阅文书，传宣谕旨，以太监之魄而具皇帝之魂。刘若愚（也是一个太监）《酌中志》云：“最有宠者一人，以秉笔掌东厂掌印，秩尊视元辅，掌东厂权重，视总宪兼次辅。”也即集内阁（行政）、都察院（监察）和东厂（特务）的大权于一身了。

明朝司礼监的弄权，本非始于魏忠贤，但魏阉所以能这样随心所欲，其中有一个很重要的原因，就是熹宗即位时只有十六岁，还是一个稚气未脱的纨绔子，文秉的《先拨志始》卷上，有一段记载很能说明问题：

上（熹宗）性好走马，又好作水戏，种种机械，出人意表，又好盖房屋，凡斧斤之类，皆躬自操之，巧匠不能过也。忠贤每欲有所处分，即令王体乾等伺其经营鄙事时，即从旁奏请。听毕，便曰："尔们用心行去，我知道了。"所以太阿下移，而忠贤辈得以操纵如意也。

明武宗即位时，也只有十四岁。司礼太监刘瑾便弄来许多玩具让世宗玩弄，趁此将各衙门奏章提请裁决，武宗便不耐烦说："吾用尔何为，乃以此一一烦朕耶？"这就中了刘瑾的圈套，以后就全由他任意批答，假借皇帝的旨意下达，皇帝自己却多半不知道（《明通鉴》）。所以，当时的圣旨，究竟有几分出自皇帝自己的主意，实在难说。李东阳就说过"真假混淆，无从别白"的话。照道理说，皇帝的圣旨，哪怕三言两语，也关系着老百姓的祸福，这时却由太监们上下其手，圣旨也往往成为百姓的灾难。而且这些太监既无学问，要批答势必假手他人，如魏忠贤利用圣旨夸述己功，首辅叶向高就骇然道："此非阉人所能，实有代笔者。"（实是徐大化）而既要为太监代笔，自又非顺着他不可，这样就逐渐成为阉党中人了。

汉唐明三代都有阉祸，但汉唐两代，以枢臣之尊而沦为阉党的尚不多见。东汉的士大夫，还以太学生为群众基础，不断起而与阉人抗争，明代却不同，其间虽有东林等人以生命与魏忠贤斗争，而构成阉党的也正是士大夫。所以，东林与阉党之争，实际是士大夫内部的自相残杀。《明史》于紧接宦官列传后，特立阉党列传，也是其他各史所未有的。这些阉党，论其出身，都是起家甲第，进士出身，即取得科举资格中最高一级，官职则大学士、尚书、都御史之类都有。如顾秉谦和魏广微，阉党列传的魏党部分，就将他们列为第一、第二名。因为自从他们主掌内阁（当时最高权力机构）后，政权就落在魏忠贤之手。他们为魏忠贤效忠的第一功，就是辑成一册《缙绅便览》，其中将赵南星、魏大中、杨涟、左光斗等划为“邪党”，这些人正是被魏忠贤看作死对头，人数多至百余人，而阉党如徐大化、贾继春、霍维华等六十余人列为“正人”。所谓“便览”，实即“手册”之意。

当时还有一部《三朝要典》，内容也是按照魏忠贤意图诬蔑东林党人，由顾秉谦任总裁，他便拟了一篇御制的序文放在卷首，这样就可以钳制天下人之口。《明史》说“秉谦为人，庸劣无耻，而广微阴狡”。李逊之《三朝野记》卷二曾记首辅韩炉去职后，秉谦急欲代之，“率其子叩首逆阉曰：本欲拜依膝下，恐不喜此白须儿，故令稚子认孙。珰（指魏忠贤）颔之。时其子方乳臭，即授之以尚宝丞”。这时秉谦已七十余岁，其为人也不难想见。

魏广微是南乐人，魏忠贤是肃宁人，当时都属直隶省，又与忠贤同姓，故先自称“宗弟”，后来索性称“宗侄”。他在内阁时与忠贤通信，就书为“内阁家报”，因此人家便称他为“外魏公”。他对要提拔的人，如王永光、徐大化、霍维华等，便在姓名上各加两圈或三圈，而对《缙绅便览》中载的那些“邪党”，重要者加三点，次要者加两点，然后转送给魏忠贤去决定。

这种告密手段，也是阉党猎取高官厚禄的一条捷径。例如崔呈秀，在外朝见到魏忠贤时，必屏人密语，乘机将《同志录》和《天鉴录》交给忠贤。这里的“同志”是同党的意思，也即指东林党人。《天鉴录》所载的，则是不倾向东林的人，因而也更得忠贤的信任。如《明史》所说：“暮夜乞怜者，莫不缘呈秀以进，蝇集蚁附，其门如市。”即是说，他家里已成为政治交易的市场了。

顾秉谦和魏广微，后来都和魏忠贤发生过矛盾，所以两人都要求休官而去。崔呈秀自始至终是个死党，他在奏疏中称颂忠贤督造三殿之功，公然说：“臣非行媚中官（指太监）者，目前千讥万骂，臣固甘之。”当时阉党的骨干，有五虎、五彪、十狗、十孩儿、四十孙之称。崔呈秀是五虎之首，故常崔魏并称。明思宗定逆案时，也将呈秀列为第一名。他儿子崔铎，本是一个没有学问的人，由于呈秀示意考官孙之獬，崔铎就中了乡试，即成为举人，取得了省一级的科举资格。熹宗死后，内监十余人急召呈秀，见忠贤后，两人密谋很久，据说忠贤想趁机篡位，呈秀却以时机未至，阻止了他。

天启六年，魏忠贤的权势已到了高峰，许多正直的士大夫被陷害虐杀，阉党的献媚手段也越来越丑恶，于是而有建生祠之风，带头上疏创议的是浙江巡抚潘汝祯。在此之前，这股风已在吹了，御史刘之待本也闻风而动，只因疏文迟到一日，遂触忠贤之怒而被革职。接着，各地都起而响应，其中蓟辽一地多至七所，祠内金像竟用皇帝所戴的冕旒，宣大一地也有三所。每建一祠，多的花费数十万，少的也有数万，皇帝下诏颁赐祠额，阁臣撰文书红，颂词中有“尧天帝德，至圣至神”之语。蓟辽总督阎鸣泰因用了“民心依归，即天心向顺”二语，遂使“闻者咋舌”。《明史》用这四个字实在巧妙生动极了。监生陆万龄请以魏忠贤配孔子，以魏父配孔父启圣公，他的理由是：“孔子作《春秋》，忠贤作（三朝）《要典》。孔子诛少正卯，忠贤诛东林。宜建祠国学西，与先圣并尊。”国子监司业朱之俊原想照办，后因熹宗之死而未实行，但浙江的生祠，却建在关羽祠和岳飞祠之中。

在建开封生祠时，民房被拆毁的达两千余间，真是连空间也遭殃了。蓟辽总督黄运泰迎接魏忠贤像时，率领文武将吏列班阶下，五拜三叩首，拜毕，又在像前默祷，说是“某事赖九千岁扶植，稽首谢。某月荷九千岁拔擢，又稽首谢”（《明史·阉党列传》）。皇帝是万岁，九千岁就是只少皇帝十分之一，天津、河间、真定等处上梁日，还要升级，也有呼九千九百岁的。

既有祠自有像，谷应泰《明史纪事本末》卷七十一，有一段很有趣的记载，使人如读童话：“像以沉香木为之，眼耳口鼻手足，宛转一如生人。腹中肺肠皆以金玉珠宝为之，衣服奇丽，髻上穴空其一，以簪四时香花。一祠木像头稍大，小竖（小太监）上冠不能容，匠人恐，急削而小之，以称冠焉。小竖抱头恸哭，责匠人。”历史舞台常常让幽默老人来亮相，庄严也可以转化为丑恶。当阉党们建祠立像时，原是出以最虔诚的心情，可是一经岁月的洗练，却化为一堆笑料了。

生祠的建立，阉党们固然受到奖赏升迁，但对另一些人，却为此而大祸临头。例如京师的内城东街建祠后，工部郎中叶宪祖见而窃叹曰：“此天子幸辟雍（原义为天子特设的太学）之道也，土偶能起立乎！”魏忠贤闻悉后，“即削其籍”，也即将他从官场中永远开除出去。蓟州道胡士容因不具建祠文，下狱论死。蓟辽总督刘诏悬魏忠贤像于喜峰口行署，兵备副使耿如杞见其像垂旒执笏，心恶之，长揖不拜。刘诏便将他逮捕送刑部，几乎被斩首。

原任浙江提学副使黄汝亨，走过西湖边的魏祠，微发诧叹语，守祠的太监闻而围殴，就此被打死。地方官也不敢过问。大同巡抚王点，本来也上疏请建祠，到了上梁那天，因托病不出，就被驱逐，换了张翼明，翼明到任后，实在想不出献媚的办法了，只好别出心裁地请建坊，后又由圣旨下来，题名“一代崇功”。

病态的社会，变态的人物。魏忠贤出现在晚明那样时代固不足奇，但也有可以奇怪的地方。他文不能做八股，武不能使刀枪，最后为什么能成为天怒人怨的大灾星？宫中能做他后台的，也只有那么一个奉圣夫人。如前所说，就因为拉拢了一批士大夫。魏忠贤是非拉拢士大夫不可的，他明白，要打击政敌，还要援引孔孟之道，写一些在四书五经上有根据的文章，如孔子诛少正卯之类，这就不是太监们所能胜任；士大夫也明白，熹宗还像个娃娃，心思只在玩斧头、搭房子上，魏忠贤虽是阉人，却是能使他们荣宗耀祖的政治实体。明思宗于定逆案时，曾叹息道：“忠贤不过一人耳，外廷诸臣附之，遂至于此，其罪何可胜诛。”但士大夫历来是在分化中，总是有正直与邪恶的两翼。当时东林党人的力量一度也占了优势，为什么后来失败了呢？赵翼在《廿二史札记》中曾作了简单的分析：“天启之初，众正盈朝，忠贤亦未大横。四年以后，叶向高、赵南星、高攀龙、杨涟、左光斗等相继去，而后肆其毒痛。”所以结论说：“然则广树正人，以端政本而防乱源，固有天下者之要务哉。”然而“众正盈朝”终于又相继而去，主要原因还在于君主之是否英明，赏识的是哪些人？诸葛亮所谓“亲贤臣，远小人，此先汉所以兴隆也；亲小人，远贤臣，此后汉所以倾颓也”，这话确是从政治实践中得出来的经验教训，这里的小人也包括后主身边的宦官黄皓们。但熹宗即位只七年，死时也只有二十三岁，他父亲光宗在位只有两个月，所以前人论晚明政治的腐败，不能不归因于享国四十八年的神宗，就像一只橘子悄悄地在内部腐烂着，到天启时真的成为“恶果”了。

明清的太监

《金瓶梅》是明人借宋事以写明事，《儒林外史》是清人借明事以写清事，《红楼梦》的历史背景是清代，也含有作者自传的成分，有的学者常用来探讨清代的政制风俗以至旗人生活。索隐派因而有种种附会之词，甚至说元妃省亲便是影射孝庄下嫁，但《红楼梦》中也有夹杂明事的。

第十三回写秦可卿死后，大明宫掌宫内监戴权，“先备了祭礼遣人送来，次后坐了大轿，打道鸣锣，亲来上祭”，贾珍忙接至轩中献茶，并称为“老内相”。这种场面和气派，就绝非清代所许可。如果曹雪芹当真写的是清代，那也是顺康雍三朝，更不可能，接下来还写戴太监为贾蓉捐了龙禁尉。倘在清初，哪一个太监胆敢这样做，立即有杀身之祸。

说来也巧，《金瓶梅》第三十一回，写西门庆得子后，薛太监先差家人送了内酒、羊、金缎等礼品，接着，又写西门庆至仪门迎接，“二位内相坐四人轿，穿过肩蟒，缨枪队，喝道而至”。不但如此，第六十四回写李瓶儿死后，薛内相从晌午时就坐轿来吊丧了。不一会儿，刘公公也来了，于是“两个内相上了香，递了三钟酒，拜下去”。《红楼》有隐仿《金瓶》处，学者早已指出，戴太监吊丧一场，是否受《金瓶》影响，今已无法起雪芹而问之，但我们若把这两段情节对照着赏玩，总觉得很有趣味。其次，以内相称宦官，亦于史无据。在唐代，内相是对翰林学士的别称，因翰林学士专掌内命，参与机密事宜，故称。《醒世姻缘传》第七十回称太监陈公公为“内官”，这是有依据的，但写陈公公母亲寿辰的排场，陈公公本人的声势，只有明代的宦官才有。曹雪芹生活于乾隆朝，他对清廷管束太监之严密，自很明白，为了要渲染贾珍刻意举办“秦丧”的豪华场面，便以明事为模型。戴太监为贾蓉所捐的龙禁尉，干脆就是锦衣卫。

清代无阉祸，清人在关外时未设宦官，这与蒙古在塞上时一样，都是未习汉化之故。入关以后，鉴于明代阉祸之烈，对宦官管束特别严厉，太监的品级不得超过四品。《清史稿》无宦官传，只将内监附于《职官志》内务府的敬事房中，文有云：“世祖入关，依明宫寝旧制，裁定员额，数止千余……未几，吴良辅辈煽立十三衙门，擅窃威福，世祖遗诏发奸。圣祖嗣统，歼厥大憝。”其下举高宗时太监高云从、张凤，仁宗时吴天成、常永贵、萧得禄、刘得财、刘金等等，他们的名字，后人已不甚熟悉。

蒋氏《东华录》：顺治十五年四月，吏部等会讯（大学士）陈之遴结纳内监吴良辅事俱实。奉旨：“陈之遴前犯罪应置重典，从宽以原官徙盛京，后召还旗下，乃不思悔过，又行贿交结，深负朕恩，姑免死革职，并父母妻子俱流徙盛京，家产籍没。”此亦清初一大案件，但陈之遴的得罪，自还有其他原因。孟森《明清史讲义》下册第一章云："吴监被旨严饬，而世祖卒爱暱之，崩前五日，《实录》已书不豫，而是日尚幸悯忠寺观吴监祝发，其为自知不起，令吴监避祸耶？抑自恐命促，令所爱代为出家以媚佛求佑耶？二者必居一于此。要之世祖御世时，无改革奄寺之计，其处斩吴良辅及废十三衙门，乃世祖崩后太后及辅政诸臣之意。此清史之所不详，见余《三大疑案考实》。"至圣祖时，因而对内官有特别严格的规定，如遇见大臣必须恭敬站立，不遵者必重处不饶，这在明代宦官气焰高涨时，恰好相反，大臣倒要向巨阉恭敬站立了。

又如非奉差遣不许擅出皇城，职司之外不许干涉一事，在外官员不许与内官交结，否则，查出后一并正法。禁止将内廷之事向外人传说，对太监不可假以威权。其他严禁条例，还有很多，所以，像"秦丧"中那些明目张胆的举动，根本无法想象。

我们现在能举得出几个清代的作威作福负恶名的巨阉，有几个大臣受他们迫害的？像明代的王震、刘瑾、魏忠贤那样。安德海算是跋扈的了，但一个山东巡抚丁宝桢即可将他就地正法，暴尸通衢。其后则有李莲英受宠于慈禧，曾为臣下疏劾。光绪十二年，御史朱一新疏陈李莲英随醇亲王奕譞巡阅海口，易蹈唐代覆辙，一新被诏降主事，莲英之随侍恐也有监视亲藩之意。十四年又为江苏学政王先谦所劾，此与慈禧揽权、国运日颓固有密切关系，但与明代那些权阉相比，则又差得多。李莲英为人圆滑，人称琉璃蛋，慈禧卒后，所以能安度余年，或因得力于平日圆滑。总之，《红楼梦》中这段太监吊丧故事，必是取材于明代，取材的自也不止这一回。

明清的布政使

清代的一省行政长官为巡抚，布政使为巡抚的僚属，略如近代的省长和民政厅长。布政使给巡抚的公文用“详”，巡抚行文用“札饬”，即纯属上下级的关系。但在明代，布政使却是一省的行政长官，故也称为方伯或藩台，都是一方之长的意思。至于巡抚，在明代初期，类似近代的中央特派员，只能算是一种差使，所以也可称为“钦差大臣”。编制属于都察院，不在地方，其本职为都御史或佥都御史，正规的称谓应是“以都御史某某巡抚浙江”，和清代作为固定的疆吏职称的“浙江巡抚”不同；清代巡抚虽有兼副都御史衔的，实是虚衔。顾名思义，巡抚一职，就是含有流动性的，即有事出差，事毕回京复命，用的是关防，一种长方形的阔边朱文印章，正规职官则用正方形的官印。

朱元璋起兵时，每平定一地，一度酌采元代制度，设一行省，长官称行中书省平章政事（宰相的副职）、参知政事，“省”本来是中央的官署，如尚书省、门下省，现在日本犹有外务省等之称。行省是行中书省的简称，所以，行省的最初含义原为中央分设于地方的派出机构。到洪武九年，分全国为十三永宣布政使司，改参知政事为左右布政使，正二品，但习惯上仍称行省。布政使如入为京官，可任尚书或侍郎。到明代中叶，因军事需要，总督、巡抚凌驾于上，布政使便逐渐成为督抚的直接下属。

清代自康熙初各省只置布政使一人，不分左右。光绪十三年，台湾建行省，增置福建台湾布政使一人，驻台北。从前民间曾有“天下十三省”的谚语，就是沿明代十三布政使司的旧称，至清初又改为十八省，后则增为二十二省。这也可见，我们祖国的领土，正是在先人辛劳建设中才不断开发的。

明太祖与孟子

《明史·钱唐传》曾载明太祖撤孟子配享及修《孟子节文》事："帝尝览《孟子》，至'草芥''寇仇'语，谓非臣子所宜言，议罢其配享，诏有谏者以大不敬论。唐抗疏入谏曰：'臣为孟轲死，死有余荣。'明廷臣无不为唐危。帝鉴其诚恳，不之罪。孟子配享亦旋复。然卒命儒臣修《孟子节文》。"他书也有记钱唐于入谏时舆榇自随，袒胸当箭的。可见当时气氛的紧张。但此事后人颇有疑义，如谈迁《国榷》、朱彝尊《邹县重修亚圣孟子庙碑》等文。全祖望《辨钱尚书争孟子事》（钱唐曾任刑部尚书）云："《典故辑遗》载：上读《孟子》，怪其对君不逊，怒曰：'使此老在，今日宁得免耶？'时将丁祭，遂命罢配享。明日，司天奏文星暗，上曰：'殆孟子故耶？'命复之。"孟子的恢复配享，究竟是出于钱唐的入谏，还是太祖因司天之奏而恢复，现在已难深究，也无必要，但总之说明明太祖对孟子是有气的，因为他把民看得比君还重要。

此事当在洪武三年（1370年），到了二十七年（1394年），便命一个八十二岁的老儒茶陵人刘三吾编修《孟子节文》[1]，就是将《孟子》原书中不利于尊君的话统统删去，一共删了八十五条，以为这样才是扶持名教。刘三吾在《题辞》中还说道："《孟子》一书，中间辞气之间抑扬太过者八十五条，其余一百七十余条，悉颁之中外校官，俾读是书者知所本旨。自今八十五条之内，课士不以命题，科举不以取士，壹以圣贤中正之学为本。"经过这样的删节，孟子一生学说的真精神，还能剩下多少呢？

这删去的具体条文究竟是什么，后人一时倒不易看到，幸而《容肇祖集》中抄录了一部分，容先生并云："现在国立北平图书馆有一部《孟子节文》，是洪武二十七年的刻本，蓝皮包装，仍是明代的装订，完善地保留残酷的统治者统治思想的材料，冷讽着愚民主义和过于操心计的无聊。我摩挲着这书，不免多少的感今悼古！拿《孟子节文》和《孟子》足本比对，就可以看出检查古人著作而删去的话是什么的一类了。"容先生此文作于1948年，发表于香港《读书与出版》杂志，标题有"不许说人民有革命和反抗暴君的权利""不许说反对征兵征实同时并举""不许说反对内战"这些话，自是有感而发，即他说的"感今悼古"之意。

这里酌引《孟子节文》若干条：

民为贵，社稷次之，君为轻。（《尽心》）

[1] 懿文太子朱标卒后，教太祖立皇太孙朱允炆的，就是刘三吾，所以永乐时称之为"逆臣"。《孟子》全书也经孙芝奏称而复全。

《泰誓》曰：天视自我民誓，天听自我民听。（《万章》）

君之视臣如手足，则臣视君如腹心，君之视臣如犬马，则臣视君如国人，君之视臣如草芥，则臣视君如寇仇。（《离娄》）

古之人与民偕乐，故能乐也。《汤誓》曰："时日曷丧，予及汝偕亡。"民欲与之偕亡，虽有台池鸟兽，岂能独乐哉？（《梁惠王》）

君有大过则谏，反复之而不听，则易位。（《万章》）

无罪而弑士，则大夫可以去，无罪而戮民，则士可以徙。（《离娄》）

不仁而得国者有之矣，不仁而得天下，未之有也。（《尽心》）

今夫天下之人牧，未有不嗜杀人者也。如有不嗜杀人者，则天下之民，皆引领而望之矣。诚如是，民归之犹水就下，沛然谁能御之？（《梁惠王》）

限于篇幅，未能多录。最感到奇怪而滑稽的，《孟子》中的"齐人有一妻一妾"的故事也删去了。容先生分析说："这故事大约是反对虚伪的粉饰，拆穿了说的是好听的话，而做的是可耻的事的假面目。朱元璋曾仿《书经》作《大诰》，自以为是爱人民，为人民谋福利，而实在残暴无比。'人之所以求富贵利达'的卑鄙的而骄傲的行为，给孟子说穿了真不值一文。这样的著作检查，真是无微不到了。"似未必如此，恐还是因这故事含有轻浮性，而刘三吾的道学气极重的缘故。周作人在《苦茶庵笑话选序》中曾谈到《孟子》的"揠苗助长"的故事，法国人让·诺安的《笑的历史》也提到过，刘三吾之删"齐人"故事，无论理由是什么，也可作笑话看。

明太祖以淮右布衣而得天下于马上，登位之后，福至心灵，渐通文义，于是而以八股取士，八股的题目只限四书五经，不想《孟子》中却有那么多忌讳的话，居然给他窥破。恰好《容肇祖集》中还有一篇《记廖燕的生平及其思想》，其中也有谈到八股的，如《山居杂谈》云："明制以八股取士，巧于秦始皇焚书，使人无书可读。明与我朝使人有书而不肯读，愚天下之法莫妙于是。其详载《明太祖论》中。"又云："传王季重见八股，但云阿弥陀佛，予见八股，亦云苦海茫茫，回头是岸。"总之，秦拙而明巧，始皇所无法完成的愚民之术，却被明太祖完成了。把这些话和上面太祖之忌孟子的事联系起来看，就更有情趣了。

明太祖御容

帝王异相，常成为后世好奇者的谈助。项羽重瞳，这固然是少见的，但刘邦“隆准而龙颜，美须髯，左股有七十二黑子”，却不好说。隆准即高鼻，这是很寻常的，但杜甫《哀王孙》说：“高帝子孙尽隆准，龙种自与常人殊。”隆准便成为龙种的特征了。龙颜究竟是什么样子？如果像图画上所画的龙，实在是很可怕的，左股有七十二黑子，也会使人骇怪，吕后倒不害怕？王充《论衡·骨相篇》所举的“十二圣”形状，如黄帝龙颜、颛顼戴午[1]、帝喾骈齿、尧眉八采之类，没有一个不是奇形怪状。

民间传说，明太祖的相貌是五岳朝天，一种可以成话柄的怪相，《太祖实录》只说“姿貌雄杰，志意廓然”，《明史》却说成“姿貌雄杰，奇骨贯顶”，后一句究竟算是美词还是恶词？

吴晗《朱元璋传》是这样描写的：“他长得躯干魁伟，黑黑

[1] 戴午，应作“戴干”，指头部有肉突起如角。

的脸，下巴比上颚长出一寸多，高高的颧骨，却又大鼻子，大耳朵，就整个脸盘看，恰像一个横摆着立体形的山字，脑盖上奇骨隆起，像一个小山丘。粗眉毛，大眼睛。样子虽看着叫人不喜欢，却怪匀称，怪威严而沉着。”一半根据史料，一半出于想象。

再看看明人是怎样记载的。

丁国钧《荷香馆琐言》卷上云：“明张翰《松窗梦语》云：‘余为南司空，入武英殿，得瞻二祖御容。太祖之容，眉秀目巨，鼻直唇长，面如满月，须不盈尺，与民间所传之像大不类。相传图太祖像时杀数人，后一人得免，意者民间所传即后一人像，未可知也。’”后半段的意思不大明确，因为民间所传之像是不好看的，太祖为什么反而免后一人之死呢？岂因其未失御容之真？

《琐言》又引范介儒《曲洧新闻》云：“在武英殿见太祖真容有二：壮年者，黑须，长寸余，面微长而丰，色甚皙，眉目有异。暮年者，须鬓若银，面益丰而圆矣，色更皙。乃知外间所传龙颔虬须，面有瘢志者妄也。”这是否符合太祖原貌，已不可知。

明陆容《菽园杂记》卷十四云：“高皇尝集画工传写御容，多不称旨。有笔意逼真者，自以为必见赏，及进览，亦然。一工探知上意，稍于形似之外，加穆穆之容以进，上览之，甚喜，仍命传数本以赐诸王，盖上之意有在，它工不能知也。又闻苏州天王堂一土地神像，洪武中国工所塑。永乐初，有百户者，除至苏州卫，偶见之，拜且泣，人问故，云在高皇左右日久，稔识天颜，此像盖逼真已。”那么，太祖似又不喜欢将像画得太逼真，而要“加穆穆之容”，即慈和些。又据谈迁《国榷》卷一：太祖生时，其母“陈妪梦羽人（道士）授药丸一，烨然有光，吞之，觉而口香，明日蓐于土地祠”，这与上述土地神像云云，或许有关。

张萱《疑耀》卷一云：“先大父令滇时，从黔国邸中摹高皇御容，龙形虬髯，左脸有十二黑子，其壮甚奇（雄壮得很奇特），与世俗所传相同，似为真矣；及余直西省，始得内府所藏高、成二祖御容。高皇帝乃美丈夫也，须髯皆如银丝，可数，不甚修，无所谓龙形虬髯十二黑子也。”所谓龙形虬髯十二黑子，恐是袭用汉高本纪中语。

世皆知曹操死后有疑冢，而太祖生前也有疑像，谈迁《枣林杂俎·逸典》云：“太祖好微行察外事，恐人识其貌，所赐诸侯王御容，盖疑像也。真幅藏之太庙。”

《朱元璋传》附有太祖像二幅，一为早期，一为晚年，前者弹眼落睛，望之森然，后者就像一位慈和的老人，即所谓“穆穆”。

俞剑华《中国绘画史》第十三章：“太祖雄才大略，万几之暇，游心绘事，尝绘江心大势，援笔立成……更有沈希远写御容称旨，授中书舍人。陈遇、陈远兄弟亦善写御容，远为文渊阁待诏。王仲玉、相礼皆召入京师，盛著亦为内府供奉，一时名匠辈出。唯太祖继元末放纵之后，御下极严，赵原以应对失旨坐法，周位以谗死，盛著于天界寺影壁画水母乘龙不称旨而死。”每读记载明太祖故事的史籍，总有不祥之感，便是杀气太重，画御容不满意，或尚有可杀之理，画水母乘龙不称旨，何至于非杀不可呢？

明太祖文集

《明太祖文集》二十卷，明姚士观等编次。初刻于洪武七年，万历时又有刻印，一般人自然很难看到。现在由于四库全书的重印，才有此眼福。但因卷帙过多，这里只能谈四点。

西平侯沐英是太祖同乡，也是从龙之臣。《明史》本传云："少孤，从母避兵，母又死。太祖与孝慈皇后怜之，抚为子，从朱姓。"这已使人有迷离之感。文集《西平侯沐英诰》云："朕当扰攘之时，年已二十有五，尚未生儿女。尔沐英因兵受厄，父母不可复会，尔当是时八岁，而逢难罔知存活。朕怜其孤而且幼，特抚育如儿，夜卧同榻，数番鼾睡于朕怀……今也不忘尔孩童之状，以吾无殊于尔父，蒙蒙僵顽于左右。"这是诰书中少见的，反复叙述沐英的童年生活，如果太祖不说，词臣怎么会知道？黄景昉《国史唯疑》云："或云黔宁王（沐英卒后追封之爵）故高帝外妇子，迹或近之。"如果黄记不误，则沐英还是太祖的第一个儿子。《明史》又云："太祖初起时，数养他姓为子，攻下郡邑，辄遣之出守，多至二十余人，唯英在西南勋最大。”这也是用的曲笔，此二十余人中，必尚有其他外妇所生之子。

《明史·汪广洋传》云：广洋因朋欺太祖而贬广南，“舟次太平，帝追怒其在江西曲庇文正，在中书不发杨宪奸，赐敕诛之”。这是明言诛死的。文集《废丞相汪广洋》云：“如此肆侮，法所难容，差人追斩其首，以示柔奸。尔本实非愚士，特赐敕以刑之。尔自舒心而量己，以归冥冥，故兹敕谕。”题目明说是“废”，并非要他的命，敕中却是追斩其首，末了又有舒心量己，以归冥冥之语，到底死了没有？这是因为明初讳“诛”字，故改为“废”，而广洋实为赐死，所以末了要他自己明白。

文集最后一卷是诗，其中《咏菊花》云：“百花发时我不发，我若发时都吓杀。要与西风战一场，遍身穿就黄金甲。”

《全唐诗》录有黄巢《不第后赋菊》诗：“待到秋来九月八，我花开后百花杀。冲天香阵透长安，满城尽带黄金甲。”黄巢这首诗，本来也是伪托的，太祖诗显然是袭用这首伪诗。当时尚无《全唐诗》，可能是后人看了笔记后，经过改写羼入。但皇帝的文集，怎么能够掺假？何况黄巢又被目为贼寇，可惜我们看不到洪武时的初刻本。其他几首，也不一定靠得住的，所以不再引录了。

尚有一事，须乘此辨明的。

赵翼《廿二史札记》卷三十二，有“明初文字之祸”一则，谈明初文字狱，大都取材于此。其中引（黄溥）《闲中今古录》云：“杭州教授徐一夔贺表有‘光天之下，天生圣人，为世作则’等语，帝览之大怒曰：‘生者僧也，以我曾为僧也，光则剃发也，则字音近贼也。’遂斩之。”

徐一夔，字大章，天台人，洪武二年召纂修礼书，后署杭州教授。又曾召修《大明日历》，书成，将授翰林院官，以足疾辞，赐文绮遣还，《明史》入《文苑传》，朱彝尊《曝书亭集》卷六十四也有《徐一夔传》，皆并无被诛事。既称贺表，必是洪武元年事，怎么后来还会被召修书历？吴晗《朱元璋传》亦据《札记》而信以为真。一夔的《始丰稿》，且入四库。他是元遗民，故记述的也多是元代的故事。

实则太祖自己，并不讳饰早年寄身僧寺。文集卷十四有一篇缺题文，中有云："空门礼佛，出入僧房。居未两月，寺主封仓……突朝烟而急进，暮投古寺以趋跄。"文集中记与僧人打交道的诗文也很多。太祖好杀滥刑是事实，赵翼就为此而不喜太祖，但记徐一夔事却是耳食。又如说福州府学训导林伯璟，以代人作贺表，中有"仪则天下"语而被诛。按，伯璟为闽派诗人林鸿的高弟，附见于《明史·林鸿传》，亦未闻有被诛事。

对太祖这样的皇帝的功过，也应当不扩大不缩小。我因此疑心，赵氏这段记载，是否全是事实，徐一夔因入《明史》，才始能够核对。赵翼与钱大昕，同为乾嘉史学名家，若论精细，则赵不如钱。

明成祖父子之成败

明太祖逝世后，他的儿子燕王朱棣（即成祖），便以靖难之名，举兵南下，夺取了他侄子建文帝朱允炆的帝位。是非曲直，后人虽有议论，不过，这已是身后是非了。不想成祖逝世才二年，又发生了一场以叔夺侄的巨变，只是这一次却失败了。

成祖皇后徐氏，为中山王徐达长女，生下三个儿子：仁宗高炽、汉王高煦、赵王高燧。

高煦身长七尺余，轻捷雄武，《明史》说他“两腋若龙鳞者数片”，意思是生有异相，又说了他许多坏话，如凶悍轻佻，不肯读书，为他祖父所憎恶，又偷盗过他舅父徐辉祖的良马，在途中擅杀民吏和驿丞，总之是一个品质恶劣的人。

成祖起兵时，仁宗留守在北京，高煦从战而为先锋。白河沟之战，成祖败退，差一点被南军大将瞿能追上，高煦率精骑数千，斩瞿能父子于阵中。后来徐辉祖败燕兵于浦子口，又亏得高煦率蕃兵而来。成祖大喜，说：“吾力疲矣，儿当鼓勇再战。”高煦挥骑力战，南军遂退。成祖屡濒于危而能转败为功者，高煦是出了不少力量的。成祖以高煦类己而自喜，高煦亦以此而自负。

成祖即位，谈到建储时，淇国公丘福、驸马王宁因与高煦友善，常常赞扬高煦功高，并称为二殿下。成祖确是喜欢高煦而不喜欢柔弱的仁宗，丘福、王宁也是看到了这一点，但因仁宗是嫡长，只得立他为太子，而封高煦为汉王，建国于云南。高煦说："我何罪，斥我万里！"不肯就国，要求和他儿子瞻圻同归南京。成祖没办法，只得依他。这又可见成祖对高煦的宠爱。

有一次，成祖命高煦和仁宗一同谒孝陵。仁宗身体肥重，又患足疾，由两个太监掖之使行，还常常滑跤。高煦跟在后面说："前人蹉跌，后人知警。"这时宣宗为皇太孙，也在后面应声说："更有后人知警也。"高煦回顾失色。这时成祖还在，宫闱骨肉之间，已经紧张到这个地步了。

永乐十三年，将高煦改封青州，又不肯去，还做了种种不法事情。成祖大怒，将他改封山东乐安州。高煦自然更加怨恨。

成祖逝世，仁宗即位，但仁宗在位不到一年就死了，病情不明，可能是纵欲。于是由宣宗即位，改元宣德。高煦便决心谋反。宣宗遣太监侯太持书劝说。高煦南面而坐，令侯太跪下，大言曰："我何负朝廷哉！靖难之战，非我死力，燕之为燕，未可知也。太宗（指成祖）信谗，削我护卫，徙我乐安，仁宗徒以金帛饵我。今又辄云祖宗故事，我岂能郁郁无动作？汝循营视汉士马，岂不可洸洋天下耶？速报上，缚奸臣来，徐议吾所欲（《明史纪事本末》）。"他的所谓奸臣，指夏原吉等。宣宗为皇太孙时，原吉曾入宫辅佐。他的口吻，和成祖靖难时如出一辙，也是以声讨奸臣为名，而以夏原吉为首。

宣宗乃召大臣商议，第一个劝宣宗亲征的是杨荣，宣宗有难色，夏原吉说："独不见李景隆已事耶？臣昨见所遣将，命下即色变，临事可知矣。且兵贵神速，卷甲趋之，所谓先人有夺人之心也。荣策善。"宣宗之意遂决。

李景隆是建文帝的大将，在山东与燕兵作战时大败而还。谈迁《国榷》卷十九，引高岱语，有一段很中肯的解析："高煦之征，役不逾时，兵不血刃，而罪人斯得者，何成功之速哉？盖鉴前事之失而得处置之宜也。靖难师起，李景隆、盛庸，以百万之众而屡衄者，岂其势之不敌哉？人怀观望之心，而士无必死之志耳。使宣宗不决计亲征而命将出师，人将惩往策而持二端，天下事未可知矣。此宣宗之英武，听言能断，讵建文君所能办耶？"

高煦起先很有把握，以为一定能够成功，像他父亲那样进京为帝，后来听到宣宗亲征，才始害怕，但高煦的根据地只是乐安州，一个小城，这与成祖当年的实力也是不能比拟的。

后来大军围城，城中通宵火光烛天，高煦只得出降。群臣请处死刑。宣宗说"彼固不义，祖训待亲藩自有成法"，并命太监颈系高煦父子赴北京，废为庶人，囚禁于西安门内逍遥城中。

宣宗回至单桥，尚书陈山迎驾，言曰："赵王与高煦共谋逆久矣，宜移兵彰德，擒赵王。否则，赵王反侧不自安，异日复劳圣虑。"群臣亦以为请。宣宗说："先帝友爱二叔甚。汉王自绝于天，朕不敢赦。赵王反形未著，朕不忍负先帝也。"可见当时有野心的不止高煦一人，这与成祖当年谋反时，周王朱之有阴谋也很类似。

高煦如何死的？《明史·本传》只说"高煦及诸子相继皆死"。

诸子怎么会相继皆死？《明史·诸王世表》又说是焚死，其妻韦氏及九子俱从死，详情亦不明。据陆容《菽园杂记》卷九云："煦锁縶逍遥城，一日，宣宗往其处熟视之，煦出不意，伸足勾宣宗仆地，宣宗因命壮士舁铜缸复之，重三百斤，积炭其上然之，火炽而人铜俱镕矣。"高煦是恶性的发泄，有人说宣宗太残忍，但高煦也是咎由自取，他是存心送命的。

高煦之反，很自然会使人想起燕王之反，区别就在一处囚室，一临金殿。谷应泰《明史纪事本末》云："虽然，高煦之后，寘、宸濠，反者踵起，岂前车之鉴，不足以慑天诛，抑靖难之风，若或贻以家法。盖观于汉庶人之变，而叹蜾蠃之类我也。"这是在嘲讽成祖的作俑。谈迁《国榷》评云："文皇帝矫虔大宝，开端觊觎。高煦乘其材勇，乐祸而敢战，焉称兵。事成曰靖难，事败曰贼，尤而效之，所必至也……昔徐辉祖告建文帝曰：'高煦勇悍无赖，非唯不忠，抑且叛父。'由今言之，煦盖效父者，奈何独蒙恶声哉？"谈迁编《国榷》，在明亡以后，所以话也可以说得痛快了。高煦是失败者，也便是乱臣贼子，人人都可痛骂的，谷、谈只是借高煦作陪客而已。实际上大家对成祖之起兵及杀戮建文诸臣，一直是胸怀不平的，一有机会，便要喧宾夺主，针对文皇了。

英宗夺门之变

明正统十四年（1449 年），英宗朱祁镇亲征塞上，准备越居庸关而赴宣府，扑大同，然后深入草原征讨瓦剌部落。这时英宗才二十二岁，所领军队据说有五十万，所带军粮只够供应一个月。这显然是一次十分冒险的行动。大臣们一再劝阻，但在巨阉王振的鼓动和挟持下，英宗仍决意亲征。出发时，京师由英宗异母弟郕王朱祁钰（即景泰帝）居守。

到了土木堡（今河北怀来西），明师中伏，英宗被瓦剌的太师也先所俘。王振战死，一说被护卫将士拖捶死，因为大家都痛恨他。

消息传到京师，上下震动，侍讲徐有贞（即徐珵）主张南迁，兵部左侍郎于谦厉声道："主南迁者可斩也！"于是由郕王先以监国名义摄朝，后又即真，遥尊英宗为太上皇，于谦由侍郎升为尚书。吏部尚书王直执谦手叹曰："朝廷正藉公耳，百王直何能为！"于谦还说过"社稷为重君为轻"的话。

也先原想把英宗当作人质而向明廷索诈，这时得知明廷已另立新君，英宗成为空质，所以想把太上皇送还，景帝却以虏性多诈而未许。太上皇在塞上曾自叹曰：“曷月予归哉？归当居于逍遥之府。”这与徽钦二帝在五国城时，钦宗对临安来的使臣的哀求同样可怜。王直曾率诸大臣向景帝上言：陛下名位已定，太上回来后，“不复事天临民，陛下但尽崇奉之礼，即称天伦之厚”。景帝说：“朕非贪此位，卿等强树焉。大兄蒙尘，五遣使，虏不听，而复纷纭何？”大家闻而感到紧张，皇上恼怒了。但所谓“五遣使”，明廷是缺乏诚意的，幸赖于谦调停，景帝的面色才缓和，说：“从汝从汝。”亦见于谦举足轻重之力。

景泰二年八月，太上皇回京，臣下有嫌迎接之礼太薄，景帝说：“太上皇自虏中寄言，迎礼从简，朕敢违也？”后来太上居于南宫，便将宫门深锢，不供纸笔，免与外间通气，实同囚禁。太上皇万寿节，礼部请群臣朝延安门，不许。

英宗亲征时，皇太后曾下诏立英宗一岁的儿子朱见深（即宪宗）为皇太子。景泰三年，却将太子废为沂王，而立景帝自己的儿子见济为皇太子，立见济母杭氏为皇后。在这之前，景帝曾对太监金英说：“七月初二日，东宫（此指见济）生日也。”金英顿首说：“东宫（此指见深）生日是十一月初二日。”景帝默然。后来见济病逝，大臣也有请他恢复见深为太子的，他却偏立外藩襄王朱瞻墡之子为太子，可见景帝决心要切断英宗这一系统。

景泰七年，景帝患病，眼已瞽，这就给他带来政治上的惨重打击。次年正月，武清侯石亨、副都御史徐有贞、太监曹吉祥等拥挟太上皇自南宫杀出，至奉天殿鸣钟鼓复辟。太上事先还不知道（也许已经知道），见了石亨问道：“尔等何为？”石亨便告以复辟事。这时景帝病甚重，他最后如何死的，不明白，查继佐《罪惟录·英宗后纪》说是“太监蒋安希旨以帛扼杀王，报郕王薨”。

接下来就将兵部尚书于谦、吏部尚书王文斩于东市。于谦下狱后，英宗犹豫未忍，曰：“于谦曾有功。”徐有贞直言曰：“不杀于谦，今日之事无名。”英宗之意遂决。

这样，一场确保京师、安定国家的应变斗争，就演变为骨肉相残的宫廷政变，大臣们被押往刑场了。

景帝从应变到即真的前期种种措施，都是为了保天下以勿乱，因而无可非议，并受到臣民的支持。但他后来易储之举，就非示天下以无私，使他的威望大受损害。也有人说，有天下者有其子，既然景帝已成为“今上”，英宗退居为太上皇，那么，日后的大统自应由他儿子来继承，可是见济病逝之后，为什么还要立外藩之子呢？

曹吉祥、石亨、徐有贞等原是一批有野心的投机分子，对于谦原有积怨，后又怀妒忌。他们只想利用英宗，操纵政变，幸一时之富贵，邀非常之功名，借此专权弄政。后来这三人都因不法而被处死、下狱和流放，也说明他们的政治品质。

于谦身任兵部尚书，掌国家的军权，政敌们自然不会放过他。他之死，天下为他称冤，但后人对他不能不有遗憾：景帝对谦，言听计从，如肺腑之亲。景帝易储，不得人心，未闻他进一言，这不能以职司兵马、不预宫闱为理由而替他辩白。像景帝这样性格，说了是否有用，固然是个问题，但总之没有说。徐有贞等说他迎立外藩，固然是诬陷，但于谦何尝不是默认？又如“社稷为重君为轻”的话，也只能由英宗自己说，臣下怎么能说？少保刚烈正直，千秋共仰，但于景帝未始不有知遇之感。再说得远一些，太上深锢南宫后，已同釜底游魂，谁也不会料到日后有翻身的一天。其次，景帝死时只有三十岁，也想不到他会瞽废卧疾，如果是一个强健的壮汉，石亨等未必敢冒重险。历史上许多重大的变故，仿佛由怪物在主宰，即使是最有远见的人士，也是难以预计到的。

谈迁《国榷》卷三十二引于慎行之说曰：“少保尝自叹曰：‘此一腔热血，竟洒何地。’其言悲矣。夫一心可以事百君，死生利害，唯其所遇，尽吾心而已，何所不可洒耶？当时群臣奉迎之请，景帝不欲也，使少保一言，未必不信。其后易储之议，使少保以死争之，宪庙（见深）亦未必出宫，徘徊隐忍，两顾不发，身死西市，饮恨亡穷，可不哀耶！”于慎行说的奉迎之请，于谦是说过的，但他只是作为缓解景帝的怒气而说，不像有的大臣那样激烈急切，甚至受到廷杖。于慎行这段议论的精神是痛惜于谦应言而不言，亦《春秋》责备贤者之意。

宪宗成化初，于谦子于冕上疏讼冤，得复官赐祭，诰曰：“当国家之多难，保社稷以无虞。唯公道之独持，为权奸所并嫉。在先帝已知其枉，而朕心实怜其忠。”天下传诵。孙承泽《春明梦余录》卷二十二云：“李廌祭东坡文云：‘皇天后土，鉴平生忠义之心；名山大川，还万古英灵之气。’后追录坡公制词中全用之。宪宗朝追录于少保，亦全用此语，尤确。”

弘治时谥肃愍，后改忠肃。杭州、河南、山西皆奉祀不绝。于谦为钱塘人，曾巡抚河南、山西。明之各省巡抚，自于谦始。舒位《于忠肃公祠》云：“留取数椽香火地，读公前奏泪汍澜。”

杨际昌《国朝诗话》卷一，记于少保祠诗，“钱塘陆云士（次云）‘不将北宋为南宋，翻藉新君返故君’，乃铁案也。歙县吴剑宜（荃）拜墓句：‘八方惊土木，一老靖烽烟。’亦佳。”

于谦本人亦工诗，郎瑛《七修类稿》卷三十三云：于谦出巡时，“一日，遇恶客劫舟，遍搜行囊，更无贵重于腰间金带者，盗亦不忍取去。及还朝，并无一物馈送，自作一诗云：‘手帕蘑菇及线香，本资民用反为殃。清风两袖朝天去，免得乡闾话短长。’噫！此人之不可及而后功业之如天也。”又有《初度》诗云：“碌碌庸庸四十余，因逢初度转踌躇。腰黄久负金为带，头白惊看雪满梳。剩喜门庭无贺客，绝胜厨传有悬鱼。清风一枕南窗卧，闲阅床头几卷书。”《四库全书总目提要》云：“至其平日不以韵语见长，而所作诗篇，类多风格遒上，兴象深远，转出一时文士之右，亦见其才之无施不可矣。”谈土木与夺门之变者，必及于谦，故略补以故事。

明孝宗母子

宋仁宗生母李宸妃故事，后世也曾编为小说戏剧，明孝宗出生经过，其情节略有类似之处，也是明代宫闱间一件大公案，又是一笔糊涂账。

孝宗之母纪氏，本为土官之女，征蛮时被俘入宫，后为宪宗所幸，遂怀孕。这时宪宗的万贵妃方专宠而妒（年龄大于宪宗十九岁），后宫中怀孕的都被堕胎，柏贤妃生下悼恭太子祐极，也受其害。

万贵妃得知纪氏怀孕后，便令宫婢治；宫婢说是腹中患痞，便将纪氏谪居安乐堂。后来生下孝宗，又使太监张敏溺毙，张敏惊道："上未有子（尧按，这时朱祐极其实还活着），奈何弃之。"便以粉饵蜜糖哺喂之，深藏他室，万贵妃日伺无所得。到了五六岁，还不敢剪胎发。

这时宪宗废后吴氏所居近安乐堂，亦知其事，往来哺养，而宪宗却不知道，每自叹无嗣。

成化十一年（1475 年），宪宗叫张敏栉发，照镜叹曰："老将至而无子。”张敏伏地说：“死罪，万岁已有子也。”宪宗愕然，问人在哪里。张敏说：“奴言即死，万岁当为皇子（作）主。”太监怀恩也接上来说：“敏言是。皇子潜养西内，今已六岁矣，匿不敢闻。”宪宗大喜，当天即至西内，遣人迎皇子，使者到纪氏那里，她抱着皇子哭道：“儿去，吾不得生。儿见黄袍有须者，即儿父也。”便给皇子穿上小红袍，乘了小轿，奔投宪宗之怀。宪宗抚视良久，泣下曰：“我子也，类我。”一面派怀恩到内阁报道其事，群臣皆大喜。次日，向宪宗入贺，颁诏天下；又将纪氏移居永寿宫，屡屡召见。万贵妃日夜怨泣说：“群小绐我。”这年六月，纪氏突然死去。有的说是被万贵妃害死，有的说是自缢。张敏也害怕了，便吞金而死。

于是将这一孩子立为皇太子，即后来的孝宗。这时宪宗的生母周太后居仁寿宫，对宪宗说：“以儿付我。”便将太子移居仁寿宫。有一天，万贵妃召太子进食，周太后说：“儿去，无食也。”到了万贵妃那里，赐食时，太子说：“已饱。”进羹，又说：“疑有毒。”贵妃愤然说：“是儿数岁即如是，他日鱼肉我矣。”因而愤恨成病，也以暴疾而卒。

这是据《明史》撮录的，《明史》可能根据于慎行的《笔麈》。但这一事故的传奇色彩太浓了，《明史》中写的有些细节，简直像在写小说。

沈德符《万历野获编》卷三，评于慎行记事云：“于公起北方，早贵，并本朝纪载不尽寓目，自谓得其说于今上初年老中官，不知宦寺传言讹舛，更甚于齐东。予每闻此辈谈朝家故事，十无一实者，最可笑也。”

他另据尹直《琐缀录》云：纪氏怀孕后，原是由宪宗设计托病处安乐堂，皇子诞生后，又密令内侍谨护，那么，宪宗并非不知道纪氏母子的下落（黄瑜《双槐岁钞》卷十，也说是宪宗本人命徙居安乐堂的）。后来，张敏厚结万贵妃的主宫太监段英，乘间说贵妃，"妃惊曰：'何不令我知。'遂具服进贺，厚赐纪氏母子。次日下敕，徙居西内永寿宫，礼数一视贵妃，而纪后西宫亦成礼，未有遽称不活之礼，亦不曾有进毒一事。至次年乙未，孝宗正位东宫，至二十三年春，孝宗已年十八，万妃方薨，距立太子时又十三年，安得有忿不能语成疾之说也？独纪氏有病，万妃虽请以黄袍赐之，俾得生见，未几而卒，则此中暧昧致薨，事必有之，所以孝宗登极后，县丞徐琐等建言，请追报母仇也，唯此说为稍实耳"。尹直于宪宗成化初充经筵讲官，参与编修《英宗实录》，后入内阁，所以沈德符说："尹謇斋虽非贤者，然此时正长禁林，亲履其事，岂有谬误？"于慎行则为万历时人，所以对成化时的故事，只能从老太监那里听到一些。

《明史·万贵妃传》还说："孝宗之生，顶寸许无发，或曰药所中也。"更是信笔乱说，毒药如真能使胎儿顶上无发，这个胎儿还能活下来吗？

龙文彬《明会要》卷二引《御批历代通鉴辑览》云："宪宗偏宠万妃，任其妒毒而不能检制，几成炎刘燕啄之祸，柔暗实无可辞责。但宫闱事秘，流传又岂可尽凭？如所称后宫有娠，皆遭潜害，则前此之祐极，生于成化五年，何独无恙？且其伺察必严，又何独于纪妃得以病痞相蒙，而宫婢治亦肯代为容隐？至皇子既生，即使张敏溺毙，敏纵欲护救，亦必潜藏外庭，密为保育，又安敢仍留附近之安乐堂之他室，吴后复往来哺养，竟不虑万妃之稍有知觉乎？且祐极故在，而敏之惊称‘上未有子’，出于何意？且祐极旋即立储，又岂能隐秘不使万妃知之？纪载家传闻异辞，往往从而缘饰，不足深信者，类此多矣。”

还有一点也是很重要的，《明史》说宪宗后宫有孕者多被万妃伤害，但《明史》又载宪宗有十四个儿子，除祐极卒于成化时外，其余都活到弘治、正德、嘉靖时，万贵妃怎么还让他们活下来？

万贵妃专宠而妒忌是事实，纪氏之死，是否被她谋害，就难以遽断，也因万氏善妒，故有此嫌疑，《明史》也说万氏是“暴疾薨”，那又是谁主使的呢？

《明史》云：“弘治初，御史曹璘请削妃谥号，鱼台县丞徐顼请逮治诊视纪太后诸医（从这一点看，她是患病死而非‘暴薨’，更非自缢），捕万氏家属，究问当时薨状。孝宗以重违先帝意（难以违背宪宗之意），已之。”孝宗所以没有追究，并非完全顾全宪宗恩意，主要也因证据不足，纪氏怎样死的，孝宗本人自然明白，否则，岂有母仇不报之理？

天子风流事尚闻

张伯驹先生《红毹纪梦诗注》有一绝云：“天子风流事尚闻，梅余演出更超群。居庸关外曾凭吊，一片荒凉玉姐坟。”下并注云：“《游龙戏凤》曾经叔岩与畹华重排为其合作戏之一，虽为一短剧，而轰动一时。叔岩为余说此戏，余亦喜演之。余曾至居庸关外凤姐葬处，土人称凤姐为玉姐，其坟名玉姐坟。”余叔岩既曾与梅兰芳重排此剧，而孟小冬又为叔岩高徒，故梅、孟早年亦曾合作演出，倒真的是一种“反串”了。

但戏中的情节，并非全出虚构，有真人真事为粉本，李凤姐便是一个模特儿。

正德是明代诸帝中一个典型的花花公子，孟森先生比之为隋之炀帝，齐之东昏侯。十六岁即位后，便在外面浪游作乐，大臣因苦谏而受廷杖的不知多少，古人所谓“内作色荒，外作禽（田猎）荒”者，用在他身上尤其切贴。宁王朱宸濠在南昌起兵反时，便借口正德是孝宗民间养子，故奉太后命声讨。这却是诬词，他确是嫡出，孝宗起先对正德所以特别爱重，亦因他之前的三个皇帝（包括孝宗本人）皆非嫡出。

戏中的李凤姐并非处女，实是太原乐户刘良的女儿、晋王府乐工杨腾之妻。正德西幸后，见其色美而善歌，乃赐之与饮，试其技，大悦。后自榆林还，再召之，遂载以归京师，居于腾禧殿，以黑琉璃为殿瓦。江彬等诸嬖臣，皆呼之为刘娘娘。正德自己作小诗，有“野花偏有色，村酒醉人多”之语，亦见其自得之状。

后来宁王叛反，被王守仁所擒，捷书奏闻，正德欲借亲征之名，南下游娱，便将捷书隐匿，而将刘娘娘移居通州，约好于中途去迎召她。临行，刘娘娘脱下一簪请正德佩之，以为日后迎召时的信物。不想正德过卢沟时，因驰马失簪，大索数日不得。到了临清，遣人去迎刘娘娘，娘娘因为来人没有信物，不敢随行，正德只好独自乘舟疾行，至张家湾亲迎之，并载而重至南方。他从临清出发时，内外从官都不知道。等到发觉，追已不及。

正德十五年正月立春，他在南京观剧，大臣称贺于行在，后挟刘娘娘遍幸诸佛寺，敕绣旛幢及佛幔，上绣“威武大将军镇国公朱寿与夫人刘氏”字样。威武大将军是正德自称，征宁王时即用这一头衔，借此炫耀自己的武功。

王世贞《正德宫词》云：“平明东阁下恩纶，兽凯鸾色色新。大内别开元帅府，传声侍女莫称臣。”即指自称大将军事。又云：“夜半球灯出未央，俄传鞞铎向平阳。六宫处处秋如水，不独长门玉漏长。”又云：“敕扫东风第二房，俱传倩女出平康。天官欲晓人间事，约伴相过话夕阳。”则指正德好冶游，不以六宫为满足，平阳、平康，也隐喻刘娘娘之辈。

当时翰林黄佐的《南征词》有云："秘戏征西域，迷楼构北辰。三千歌舞妓，谁似掌中人。"明代诸帝喜结纳番僧，正德之前已有之。此诗第一句咏正德爱赏欢喜佛，欢喜佛出于喇嘛，今北京雍和宫尚有保存，好奇者多往观，第二句用隋炀帝迷楼典故。

正德在京城时，曾于西华门内造密室于两厢，勾连栉列，名曰豹房。起先只是于白天往临，后来就宿在那里，比之大内，令内侍环值，称之为新宅，每天召教坊乐工入新宅承应，群小之见幸者，即聚集于其中。胡缵宗曾作《拟古》云："惊喜君王至，西华夜半归。后车三十乘，载得美人归。"当是咏夜半挟诸姬入豹房事。这些诗都作于正德在世时，尚未由此招祸，亦见此时文网还未严密。

最后就死于豹房，年三十一。他拥有那么多的美人，却没有儿子。《明史·后妃传》所载的正德后妃，就只夏皇后一人。陈沂《武皇上宾同百官哭于思善门外》云："芙蓉内殿初成后，虎豹离宫不再来。"即指正德与豹房事，或亦有婉讽意。

晚明宫中的两口棺材

万历十年（1582 年）八月，宫人王氏生下皇长子朱常洛，即泰昌帝。这是万历帝私下生下的，起先保守着秘密，后来太后知道了，说是母以子贵，才将王氏封为恭妃。

万历十四年正月，郑贵妃生下皇三子朱常洵，即福王。从此宫闱间时起风波，一群大臣一直向皇帝发生争执，章奏多至千百，理由说是“争国本”，其实是为了对付一个处于深宫中的女人。

由于万历偏宠郑氏，于是引起大臣们的猜疑，生怕郑贵妃用阴谋立己子常洵为皇储，因而交章奏请皇帝早日建储，明确宣布常洛为太子。

万历的王皇后未曾生子，王恭妃原是宫人出身，不明不白地生下了儿子，郑氏倒是入宫即封贵妃。常洛本非嫡妻所生，只是比常洵大了三岁，排行上是老大（老二夭折），说是“国本”，理由也很牵强。

万历起先只是敷衍推托，后来答应建储。至二十一年（1593 年）

正月，辅臣王锡爵请皇上亲发大信，于春季举行册立大典，万历回答说：“朕虽有今春册立之旨，昨读《皇明祖训》，立嫡不立庶。皇后年尚少，倘复有出，是二储也。今将三皇子并封王，数年后皇后无出，再行册立（谷应泰《明史纪事本末》）。”他的用意，自然还是想拖延，这话却并非毫无道理：王皇后年纪还轻，如果今后生下儿子，倒是嫡子，岂非有二储了？郑贵妃所以有立己子之谋，一是恃宠，古人原有“爱继”的说法，二是不服气：大家都不是嫡室所生，年龄大三岁有什么了不起？

万历打算封三皇子为王，即常洛、常洵、常浩（即瑞王，周端妃所生），这样，仍是将泰昌当作一个亲王而非太子，诸臣又起而抗谏。万历知道对大臣单凭惩罚也无效果，便用“遵新制行”来搪塞，王锡爵只得上疏自劾，万历谕之云：“朕为人君，耻为臣下挟制，今卿又有此奏，若自认错，置朕何地。朕正为卿含忍，欲商量别处之法，卿无党众激恼，以辜朕意。既如此，俱不必封，少俟二三年，若宫中无出，再行册立（引自黄云眉《明史考证》卷二十）。”

“国本”之争发生后，万历已有意气，何况加上郑贵妃的挑弄，说起来其实是皇帝家里的事情，大臣们何尝不挟意气呢？凡事到了争吵地步，不可能没有意气。上述这一谕旨，倒是心平气和。

直到万历二十九年（1601 年），泰昌才被立为皇太子。到了四十三年（1615 年）五月，不想又发生了梃击太子案，又认为出于郑贵妃一派的阴谋，其实是冤枉了她。稍有常识的人都会辨别：假使定要害死太子，为什么不勾结内监在宫中下手，偏要用一个语无伦次的不知名的外人？时间又在天未昏黑，去的只是明目张胆的单身一人，凶器只是木棍，而且逢人便打。果真出于郑贵妃指使而将太子击毙，也会犯了众怒，连万历也无法庇护，对郑贵妃有害无利。这一点，郑贵妃也是明白的。

万历四十八年（1620年）七月，万历帝逝世，年五十八。八月初一，太子即位，改元泰昌。史传说郑贵妃进美女四人。

到了初十日，泰昌就生病了。十四日，服了内医（太监）崔文昇的通利药，一昼夜泻了三四十起，支离床褥间。过了几天，给事中杨涟上言，痛斥崔文昇，其中说："贼臣崔文昇不知医，不宜以宗社神人托重之身，妄为尝试。如其知医，则医家有余者泄之，不足者补之。皇上哀毁之余，一日万几，于法正宜清补，文昇反投相伐之剂。然则流言藉藉，所谓兴居之无节，侍御之蛊惑，必文昇借口以盖其误药之奸，冀掩外庭攻摘也。如文昇者，既益圣躬之疾，又损圣明之名，文昇之肉其足食乎！"说泰昌之病，误于崔文昇之用药，尽管可以将他骂尽骂杀，为什么还要说流言藉藉、损圣明之名这些话？这与皇帝之病有什么关系？从何见得崔文昇借口盖奸？

二十九日，泰昌召诸臣，谈到寿宫，辅臣以万历陵墓对答（因万历才死），泰昌却指着自己说："是朕寿宫。"诸臣说："寿圣无疆，何遽及此！"泰昌这时才三十九岁，刚刚即位，为什么要说这种大不祥的话？

至三十日，泰昌召鸿胪寺丞李可灼进宫。可灼进以一丸，泰昌连称忠臣，可灼恐药力消失，又进一丸。到了五更，泰昌就死了。这就是所谓红丸案。于是一月之中，大明宫中就停了两口棺材。一时群情汹涌，痛骂崔文昇、李可灼、首辅方从哲等为罪魁祸首，甚至说成逆谋，并有“文昇素为郑氏腹心”语，又把郑贵妃牵进去了。

死的既是皇帝，崔、李、方等或自有难卸之责，但促成泰昌本人死亡的，还在泰昌本人的病根。

朱家的皇帝大多不长命，原因大家想必也知道。郑贵妃为什么要向泰昌献四个美女？如非投其所好，自将受到斥责。泰昌即位后，周嘉谟就对他说：“药犹第二义，唯清心寡欲，则勿药有喜。”他处理万历丧事，实已勉强支持。崔文昇是内监，知道宫闱隐私，泰昌在他面前，也会将病情实告。他估计皇帝体内，必有丹药等壅滞，所以用通利药，按照“医者意也”之说，不能说他错。他难道不知道滋补？他更明白，皇帝的病，越补越糟。

御史王安舜疏中说：“先帝之脉，雄壮浮大，此三焦火动，面唇赤紫，满面火升，食粥烦躁，此满腹火结，宜清不宜助明矣。”这正标志着泰昌的亢奋，也说明崔文昇是对症下药的。只是红丸究为何物，到现在还是一个谜。

泰昌生前，也有个宠妾李选侍，像他父亲对郑贵妃一样宠爱。泰昌卒后，于是而有移宫案，也是合士大夫之群力而对付一个女人，一定要她迁出乾清宫，左光斗甚至将她比作武则天，可是李选侍又怎能抵得上武则天的一丝半毫呢？最后还是被驱逐了出去。

泰昌在位不过一个月，生前身后，却发生三件宫闱大案，而且富于戏剧性。《书趣文丛》第二辑，谢兴尧先生的《堪隐斋随笔》中有《明代移宫案与京剧〈二进宫〉》一文，以为《二进宫》中的李艳妃，即影射移宫案中的李选侍，又引李清《三垣笔记》云：“上（指崇祯）尝召周延儒等言及梃击、红丸、移宫三案云，此三事皆非，梃击一案，实系风颠。红丸一案，方从哲曾奏不可轻进，皇考（泰昌）愀然曰，朕势将不起，饮之或侥幸可生，不饮唯坐以待毙，此实皇考欲进，时朕与先帝（天启）俱在侧，岂从哲所为？移宫一事，尤为不情，当时皇考以朕与先帝俱失母，命李选侍抚养，渠爱如子，朕与先帝亦事之如母，所谓气殴（指欺负皇后）、垂帘，皆外臣不知内庭事，有此纷纷。且魏忠贤固系巨恶，王安亦非善类，诸臣风影传说，立论偏苛，当以此为戒。”

按，《明史·韩传》，也记韩（时为阁臣）于天启二年，在疏中详述他目睹进红丸时的实况，末云：“乃礼臣忠愤之激谈，与远迩惊疑之纷议，不知谓当时若何情景，而进药始末实止如此。若不据实详剖，直举非命之凶称，加诸考终之令主，恐先帝在天之灵不无恫怨，皇上终天之念何以为怀？”他的意思是说，如果泰昌真是被红丸毒害，岂非成为非寿终而为凶终之天子，又如何慰他的在天之灵？

夏允彝《幸存录》卷下云：“东林操论，不失爱君，而太苛太激，令人难受。攻东林者，言张差疯癫，言可灼无他意，言移宫太亟，亦不失调停之意也。”除了书生的意气用事、门户之见外，还有很重要的一点，即是对妇女的偏见，皇帝如果对某一个妃嫔偏宠的话，士大夫也会妒忌的。说起来是笑话，却又是事实。然而在那么多的后宫佳丽中，产生畸重畸轻的现象，又是很自然的。偏宠的原因，由于感情上的特殊喜爱，这就不是用理智说服得了。大臣出于好意，口劝笔谏，原没有错，但因对妇女存在偏见，本来很普通的事情，一下子就闹大了，似乎也唯恐不闹大。在对待李选侍的移宫案上，就是一个例子。士大夫就是怕重蹈武氏的覆辙，这一题目又最容易打动其他士大夫。已经成为寡妇的李选侍，起先虽想抗争一下，结果还是屈服于男人的压力了。

明天启张皇后故事

天启张皇后，河南祥符人。父国纪，封太康伯。《明史》所记的张后事迹很简单，主要是她与客氏、魏忠贤之间的仇隙。天启病危，她力主传位与崇祯。崇祯即位后，她已是寡妇，也即皇伯嫂，更无作为，崇祯上尊号曰懿安皇后。甲申之变，《明史》仅记“后自缢”三字，后人也有说她并没有死。

查继佐《罪惟录》云：“上（崇祯）使内监劝皇嫂懿安张皇后自裁，仓卒不及达。已宫人走出，后青衣蒙头，间走成国公家，亦随自尽。”查氏论曰：“左萝石《蜡丸》，具言张皇后柩在东山，则烈死成国家果然无惑也。”这是说她自尽于成国公朱纯臣家中。恐不确。

朱彝尊《静志居诗话》卷一：“当李自成陷京师，思陵将殉社稷，传旨后宫令自裁，而宫监王永寿从懿安皇后宫至，白帝曰：‘懿安皇后业自缢矣。’帝连称好，好，乃走煤山，经于海棠花下。福藩遥上懿安皇后谥曰孝哀慈靖恭惠温贞偕天协圣哲皇后。诏云：

‘既慷慨以捐躯，亦从容以就义。’而《顺治实录》于甲申五月，大书葬明崇祯帝后及天启皇后张氏于昌平州陵。国史存据，可以无疑。其后有魏忠贤养女进之德陵（指天启），立为贵妃，寇乱后，流传民间，诈称天启皇后。因送于官，光禄寺月有廪给。人遂疑后失节。沉冤莫雪，故附白之。”

黄云眉《明史考证》卷一百十四：“按野史载任氏冒懿安事，不足究，然《李自成传》，即有李岩保护懿安令自尽之说，而王源《书陈衷一传后》，又有懿安为自成军中一帅王大本（原诸生）所手刃之说（此据俞樾《壶东漫录》，检《居业堂集》无之），则懿安之死，出于仓卒，其时或在思宗以后，其地或在宫闱以外，亦未可知，姑与朱说并存可也。”

《明史·李自成传》是这样说的：“李岩者，故劝自成以不杀收人心者也。及陷京师，保护懿安皇后令自尽。”似乎是李岩出于好意，要张后自尽全节的。

《纪晓岚文集》（河北教育出版社版）第三册[1]，有一篇《明懿安皇后外传》，其中说：张后自缢后，为宫婢解下，乃移至侧室中。“有一宫嫔，青纱蒙头，徒步走出，或误指为后，一时遂宣传懿安皇后已走入成国公朱纯臣第矣”。

后来李岩掌后妃宫人名册，“见后年貌在上等册中，叹曰：‘诸珰无良若此。此吾同乡也，素有圣德，安可使争辱？’城破，亟驰入宫，专觅懿安皇后。使宫婢扶后坐殿上，具衣冠九拜，自通姓名，敕其党严卫宫门而去。及夕，后始得从容自缢死。年三十八”。

---

[1] 1991 年版。

外间遂妄相揣度，以为为李军所得。

这与《明史》所记也有吻合处，但语多夸张失实：李岩可以保护张后不使受辱，不可能具衣冠九拜。

这里要探索的是这篇《外传》的作者是不是纪昀？

据此书凡例说："《明懿安皇后外传》，用1914年《小说月报》五卷十二期铅印本；《唐人试律说》和《庚辰集》用平槐堂刻本，《景城纪氏家谱》用嘉庆间家刻本。此四种，只各觅得一种版本，而无其他版本可资参校。"那就是说，民国年间出版的《小说月报》，成为乾隆时人纪昀作品依据的孤本了[1]。

《外传》刻之前，有一篇乾隆四十五年庚子（1780年）的"纪昀自叙"，中云："是书为合肥龚芝麓尚书所作。尚书自叙：'素客太康伯张国纪幕，知其家事；后又遇明太监王永寿、陈启荣等，为谈明季宫中事，而述懿安皇后事尤详，因据所闻记之。'"纪昀嫌其纪事稍繁，掇拾而成五千言。

龚鼎孳生于万历四十三年（1615年），至天启末年（1627年），只有十二岁，怎么能入太康伯张国纪之幕，何况国纪又遭魏忠贤之诬陷而放归故乡？纪昀对龚鼎孳这样人物，是否有好感？

纪昀在文学鉴赏上眼界很高，也颇多灼见，他最讨厌粗鄙俗滥的格调低陋文字，《外传》中写张后年轻时的姿色，如"鬓如春云，眼如秋波，口若朱樱，鼻如悬胆"云云，绝对为纪氏所厌恶，龚氏也不可能会这样写。末段写张后自尽后说："厥后京师有旧

[1] 据《中国丛书综录》所载，峭帆楼丛书中曾收入这篇《外传》，《小说月报》所载者，不知是否即据峭帆楼丛书本？

宫人居民间，藏得懿安皇后凤鞋一只，长仅二寸许。”这就明明是在因袭杨贵妃死后的罗袜故事了。

传中记张后当年入宫后，老宫娥引至密室验身，有好些肉体上的点染文字，如说“不痔不疡，无黑子创陷诸病”，而无名氏的《杂事秘辛》记吴姁观察少女梁莹肌肤后，也有“不痔不疡，无黑子创陷”的话，显然是抄《秘辛》的。《秘辛》为杨慎伪造，内容影射东汉梁冀家事，中多秽语，《外传》则是以伪抄伪。

传中又记“熹宗乳母客氏，年三十，以妖艳惑帝”，及张后入宫，“客氏常诘熹宗曰：‘陛下取少艾而忘我乎？’”天启虽昏，尚不至此，作伪者无非要特状客氏的丑恶而已。

总之，这篇《外传》是伪作，资料上或尚有些用处。

崇祯登位

阉人自古有之，阉祸初露于秦，张扬于汉而盛于唐，烈于明，明则以天启朝为极峰。黄宗羲《明夷待访录·奄宦上》云："汉唐宋有干与朝政之奄宦，无奉行奄宦之朝政；今有奉行奄宦之朝政，明朝是也。"黄宗羲的父亲尊素，就是被魏忠贤拷打致死的。

正史中之有阉党列传，也是从《明史》开始。既名阉党，顾名思义，成员应该都是阉人，如东林党的成员都是士人，可是阉党的大批成员恰恰是满朝朱紫的士大夫，如刘瑾时的大学士焦芳，魏忠贤时的兵部尚书崔呈秀，都是地地道道的进士出身。《国榷》卷八十八谈迁曰："阉尹之祸，剧于熹庙（天启帝），并边徼而二之。"边徼指关外的建州政权和沙漠的蒙古余部的威胁，可见魏忠贤一伙威势之盛。

清代和珅擅权时，外国使臣称他为"二皇帝"，魏忠贤时有人说他是"并帝"，而和与魏相比，真是小巫见大巫。更为奇特而浪漫的，魏忠贤当初的发迹，后来的作威作福，全是依仗一个不识字的村妇客氏[1]，即天启帝的乳母，世以“客魏”相称，客在前而魏在后，没有这个村妇，也没有那位九千九百岁的魏尚公。

天启即位时为十五岁，倒是一个名副其实的儿皇帝，一生被魏忠贤玩弄于股掌之上，自己整天叮叮地做着小木匠，日常生活则由客氏侍护。他曾经生下三个儿子，都夭折了。

天启七年（1627年）八月二十二日，皇帝病逝，年仅二十三岁。天启的父亲是泰昌帝，生下七个儿子，成长而留下来的，只有天启由校和崇祯由检。由检原封信王，生母刘氏，与天启是异母兄弟。信王本来默默无闻，却爱读书。援兄终弟及之制，便由由检继统，这时才十六岁。天启病危时，曾召由检入宫，叮嘱他要以尧舜为榜样，这是一句空话，还有要他任用魏忠贤，可谓至死不悟。

按照惯例，新君于继统之次年才改元，所以这时仍算是天启七年。

崇祯便于当天晚上入临。到了乾清门，即朝西而坐。入宫时很有戒心，自己带着干粮，不吃大内膳食。一班大臣怕发生事变，所以闻讣告后躲在家里，不敢入朝，崇祯只得秉烛独坐。过了一会儿，只见有一太监携剑而过，崇祯便取下太监的剑，放在案上，说是会赏赐他的。又听到巡查声，就说声辛苦了。这是据谈迁《国榷》。《明史纪事本末》说是魏忠贤亲自出宫迎接，崇祯不觉有危惧之感。

第二天一早，到了殿门，有太监把守着，不得进去，说是要

[1] 旧时皇宫中要觅访奶妈，都到奶子胡同去挑选，客氏即出于奶子胡同，后以其名不雅驯，便改为乃兹胡同。

穿丧服而入，于是改服，却又说是还没到穿丧服的时候，应该改穿常服。群臣奔走出入者三次，因为是大内，面积很大，有的人就气喘了，便向守门太监哀诉，才得进内。看到魏忠贤哭得眼睛也肿了，没说话。等到群臣退出，忠贤便呼兵部尚书崔呈秀进去，屏除他人，立了好久。或曰：“忠贤欲自篡，而呈秀以事未可为而止之。”有的书上作“以时未可止之”。恐皆非事实。他们在密谋对付新君的办法，篡位却未必。

九月初二，魏忠贤请求辞职，崇祯没有答应，这也是高明之处，只是奉圣夫人客氏却从宫中迁出回到私第了。

魏忠贤本人请求停止建立生祠，崇祯优礼相答：以前各祠的赐额照旧，其余都停止。

御史杨维垣奏劾崔呈秀，呈秀答辩，请求在家守制，不许。杨维垣原是阉党，曾罗织正人，后为同是阉党的魏广征所排挤，未得大用，这时借此表示与阉党决裂，但未直指魏忠贤，却也不可能不涉及魏忠贤。

与此同时，南京通政使杨所修具奏，略云：“夫君臣上下，可相安无事，而播弄多端，葛藤不断。闻东林余孽，遍布长安，欲因事生风，忧不在小，乞敕下厂卫五城缉访。”杨所修也是阉党——阉党实在太多了，故而还在仇视“东林余孽”，还想依仗厂卫来缉访，如谈迁说的“遂以缇校箝结将来之口”，一面是在向新君试探。崇祯降旨表态了：“群臣流品，经先帝分别澄汰已精。朕初御极，嘉与士大夫臻平康之理，不许揣摩风影，致生芟蔓。”这是很英明的，不失为大哉王言，他这时确实需要一些正直的士大夫的支持。

接着，工部主事陆澄源上言四事，力陈魏忠贤僭妄之状，兵部主事钱元悫上言，中有魏忠贤“以枭獍之姿，供缀衣之役……群小蚁附，势渐难返”语，贡生钱嘉征上疏数十大罪状：（一）并帝；（二）蔑后（指天启张皇帝）；（三）弄兵；（四）无二祖列宗；（五）克削藩封；（六）无圣（胆敢建祠太学之侧）；（七）滥爵；（八）邀边功；（九）伤民财；（十）亵名器。忠贤气不过，向崇祯哭诉。崇祯命太监将钱嘉征之疏读给他听，忠贤吓得丧魂落魄。

十月，魏忠贤有罪免职。十一月初一，崇祯下诏，斥魏忠贤“通同客氏，表里为奸……本当寸磔，念梓宫在殡，姑置凤阳。二犯家产，籍没入官”。在这之前，魏忠贤得知原信王府内监徐应元，颇得崇祯信任，便屈身事之，赠以货物，企图以徐应元作耳目，应元果被他利用，后为崇祯所知，便将徐应元谪戍。

崇祯也知道，若让魏忠贤长此留在南方的凤阳，究非万全之策，于是到初四日，又谕兵部云：逆恶魏忠贤，“本当肆市以雪众冤，姑从轻降发凤阳，不思自惩，将素畜亡命之徒，身带凶刃，不胜其数，环拥随护，势若叛然。命锦衣卫即差的当官旗前去，扭解押赴彼处，交割明白……所有跟随群奸，即便擒拿具奏，毋得纵容遗患”。至初六日，魏忠贤行至阜城县一宿舍中，其党已向他密报，他自知末日已到，便同亲随李钦朝一同上吊死了，年五十九。

崔呈秀被劾后，回到原籍蓟州，邀集姬妾，罗列珍贵器物，通宵纵饮，饮了一杯，便毁一器，最后也上吊死了。

那位奉圣夫人客氏，本来已被监禁在浣衣局，后命太监王文政严审，据说查出了怀孕的宫人八人，企图效法吕不韦、李园故技（即将宫人所生者冒充为皇子）。崇祯闻而大怒，立即命人赴浣衣局将她打死，年四十七。

接下来是清除魏党的五虎五彪和十狗，定逆案，案中共开魏忠贤等二百五十五人。

还有是下旨“褒录忠直”，即将以前黜害诸臣，从公酌议，应褒恤的即褒恤，应荫恤的即荫恤，应复官的即复官，应起用的即起用，有些本人已故而家属尚被囚禁的，应予开释，不得拖延。“呜呼，天网恢恢，无奸不破；王道荡荡，有例宜平。朕兹宽结解决，咸与昭苏，偕之正直”。详见孙承泽《山书》。

这里要特别指出的，崇祯帝入宫承统时，足龄只有十六岁，他带去的只有信王府时几个亲信的太监。在明之诸王中，他并非著名的人物，更无政治斗争的实践，当时完全处于孤立状态。朝中诸臣，有的是阉党，有的屈从于崔、魏，有的是禄蠹，没有一个可以信任依托、作为股肱的，以实力而论，绝对比不上崔魏。他却单枪匹马，乾纲独断，不急不缓，成竹在胸，兵不血刃地而剪除巨奸大恶，时间只有三个月。这个少年皇帝的机智与魄力，确实无愧为朱家的好子孙。尽管他后来临朝时决策上有许多错误，性格上有许多缺点，如孟森在《明清史讲义》中批评的，然而他在剪除魏忠贤及其死党这一斗争中，值得用大写字来写的。

崇祯南迁之议

李自成攻占山西后，京城吃紧，思宗君臣曾有南迁之议，《明史·李邦华传》云：十七年二月，左都御史李邦华，密疏请思宗固守京师，并仿永乐朝故事，由太子监国南都。候之数日，未得消息。“会帝召对群臣，中允李明睿疏言南迁便，（兵科）给事中光时亨以倡言泄密纠之。帝曰：‘国君死社稷，正也，朕志定矣。’遂罢邦华策不议。”这段记载很简略，只知道李邦华要思宗守京师，而由太子往南都，李明睿是要思宗自己离北都往南都。

彭孙贻《平寇志》卷八，记正月初三日，李明睿请屏退左右，趋近御案进言道：他本来劝思宗西迁长安，就甘肃、宁夏兵马亲征，现在李自成已入关，局势危急，只有南迁一策，并劝思宗及早决断。思宗四顾无人而言曰：“朕有此志久矣，无人赞襄，故迟至今。汝意与朕合，朕志决矣，诸臣不从奈何？尔且密之。”思宗问路上怎样接济，明睿答道：“不如四路设兵，东山东，西河南，此陆路也。登、莱海航，通州运河，此水路也。皇上须从小路轻车南行，二十日抵淮上。”思宗便叮嘱他不可泄密。

李明睿之议在正月初三日，而预期二十日抵淮上，按照当时交通条件，思宗就得在四五天里面离开京城了。

但这时兵饷缺乏，民穷财尽，只有发内帑（宫中的存金），思宗却说：“内帑如洗，一毫无措。”明睿说：“祖宗三百年积蓄，度不至是。”思宗说：“其实无有。”说罢，就叫明睿出外喝茶。

到了晚上，又召明睿进内，问他沿途谁可接济，用何等官员领兵措饷，驻扎何地，明睿都为思宗划策，最后又说到了钱的问题，思宗说：“然户部亦该措置。”明睿说：“今三空四尽，户部决难措手，皇上自为宗庙社稷计，决而行之，无待临渴掘井也。”这时皇帝穷，百姓穷，都是事实，但皇亲国戚还是富裕的。

到了十八日，明睿又上奏疏，略云：“今日所最急者，无如亲征。京营甲兵，不下十万，近畿召募，可得数十万。圣驾一出，四方忠义英雄豪杰必有闻风响应者。夫亲征之举，以召忠义，不必皇上自为之也。南京有史可法、刘孔昭，此皆忠良，晓畅军务，可寄大事。皇上召与之谋，必能摧陷廓清，继中兴大业。日逐一日，优柔寡断，尚可为哉！”疏入，下部速议，光时亨斥明睿之疏为邪说，并言“不斩明睿，不足以安人心”。明睿又上疏说：“且今日臣之进言，为亲征也，而诸臣妄意以为南迁，就使皇上发策南迁，此亦救时急着。”思宗阅疏默然，召光时亨面诘曰：“一样邪说，却专攻李明睿何也？显是朋党。”又曰：“光时亨阻朕南迁，本应处斩，姑饶这遭。”南迁之议遂止。

从上面记载看，思宗是想南迁的，为什么会因光时亨之言而中止呢？

彭孙贻于文末曾有评论，认为思宗应该南迁，他说："国君死社稷，正也，迁国图存，权也，权而不失乎正也。"[1]

计六奇《明季北略》卷二十，针对李明睿的谋议，有一段很精辟的话："独是明睿南行之说，亦有未尽善者。使上骤行于贼未至时，则人心骇惧，都城势若瓦解，后世必谓其轻弃其国；上若迁于贼之将至时，则长途荆棘，未免为贼所伺，而有狼狈之忧。故为上计，不如死守社稷，得古今君道之正。"谈迁《国榷》卷一百，也说思宗如南行，又怎样走法？"欲轻锐远行，必取道通涿，彼真定之党自南至，则涿未易出，昌平之余分掠通州，则通州未易出"。

从理想来说，思宗如能顺利地到达南都，号召勤王，以后的局势，自然远过于南明的弘光朝等，但就当时的现实来看，早走也不行，晚走也不行。他起先还以为凭明朝的力量，足以御敌保京，没想到李自成的声势竟是这样迅猛浩荡，真的在李明睿策谋时离京的话，路上倒确有成为俘虏的危险，于是最后只能上煤山了。

---

[1] 《平寇志》，上海古籍出版社出版。另有一部《流寇志》，也署彭孙贻之名，浙江人民出版社出版。其中异同，详见《流寇志》前言，但彭孙贻评南迁的话，只载于《平寇志》。

太阳明明朱光佛

旧时民间以夏历三月十九日为太阳生辰，并有《太阳经》，第一句为“太阳明明朱光佛”。周作人《知堂集外文·朱天君》还说他在绍兴时看到过朱天君神像，“披发赤足，一手高举持一圈，说者谓披发赤足皆纪实，圈即象征缢索”。这个朱天君就是在煤山上吊的崇祯帝。徐时栋《烟屿楼笔记》卷一亦说：“吾乡（宁波）以三月十九日为太阳生日，此盖有故。国朝定鼎之日，吾乡遗老最盛，每以庄烈殉国之日，私设野祭，相聚拜献，但以事涉禁令，不能明言，于是以太阳为君征，以忌日为生辰。”可见这种风俗，一度流行于浙东，大概当初和南明政权有关。我在年轻时，也听父老说太阳生日，问他们太阳怎么会有生日，却答不上来，也含有忌讳的意思，此时已是民国，说明某些忌讳的流行，到后来大家都已说不清楚，而忌讳如故，就像西洋人之忌“十三”一样。

言归正传，这里要说的是后人对崇祯的评价问题。

《明史》云：“帝崩于万岁山，王承恩从死。御书衣襟曰：

朕凉德藐躬，上干天咎，然皆诸臣误朕。朕死无面目见祖宗，自去冠冕，以发覆面。任贼分裂，无伤百姓一人。”

万岁山即煤山，也即景山，现在景山上有一棵大树，相传崇祯即缢死于此树下，这是附会之词，后来收葬他的是昌平州吏目赵一桂。

至于崇祯亲书遗书事，各书记载，全无相同。黄云眉《明史考证》云：“《甲申传信录》书血诏于前襟云，‘自朕失守社稷，无颜衣冠终于正寝’。并无‘诸臣误朕’及‘勿伤百姓’等语。由事实观之，转足征信。盖当李自成军入城之际，群臣仓皇奔避，即目睹庄烈帝尸，亦安能从容致详于诏语？诸书各凭传闻，自缀文字，据繁固不若据简，且果有前述等语，亦徒见庄烈帝之以贤主自居，至死犹欲欺后世耳。”

末了两句所以这样说，是因为崇祯生平，刚愎自用，急躁独断，猜忌多疑，功罪混淆，终致手忙脚乱，掀翻御座，斥辱大臣，还说“文官个个可杀”（这也是“诸臣误朕”的由来）。连周皇后也说：“妾事陛下十有八年，卒不听一语，至有今日。”偏信宦官，也是他的致命伤，仅仅凭关外逃来的一个太监密告，就把封疆大臣袁崇焕斩了。崇焕之冤，直到南明还未昭雪，而信崇焕通敌的，却都是正人遗民（如张岱），这是因为圣旨明文，便可成为铁证。崇祯的性格倒很鲜明，这性格也决定了他的行动，带来了他的悲剧。

十七年中，宰相用了五十人，刑部尚书换了十七人，巡抚被杀十一人。查继佐《罪惟录》说：“帝勇求治，寡欲崇俭，緦緦民瘼，独少推诚，稍舞智，往往以处逆魏之法绳其下，于是诸臣救过不暇，即贤者亦或宁自盖。而坚任诸内侍，益灰豪杰之隐。曰吾自不旁落，已旁落矣。”末两句说得尤为冷隽，后来便有太监的开城迎“贼”。

全祖望《庄烈帝论》云：“夫其忧勤明察，固不可谓为亡国之君，然刚愎自用，怙前直往，亦不能辞于亡国之咎。”全氏又批评崇祯不与清太宗议和之失。孟森著作中，对崇祯的责备尤为尖锐。

但他即位后，确是奋发有为（如除客魏），对后宫，也不像万历、天启那样荒唐，后人所以对他怀念体谅。陈登原《国史旧闻》曾作了这样分析：“此后异族入主，因民族而恕之，前世衰势相沿，因历史而恕之，归罪亡国大夫，又以不当由伊一人负责而恕之。”还有一点，就是他死国的惨烈，因而朱天君还是为后人所同情。像周信芳先生主演的《明末遗恨》自始至终饱含着悲凉情调，加上他的苍劲的沙喉咙，他的踢靴的绝技，可惜我们现在看不到那样的好戏了。其实演戏就是演戏，它的效果就在视听上的审美感受。麒派虽实繁有徒，能演崇祯的则寥若晨星。虽然在他落难时，这也成为一桩大罪名。

甲申志感

今年照中国的干支法说来，是太岁甲申。距朱明之亡适三百年，盖崇祯以甲申三月十九日殉国，即清世祖顺治元年，西历一千六百四十四年。这是大家都知道，不必多说。后来民间有太阳菩萨生日的纪念，中有太阳明明朱光佛等句，最初是遗民们假神话而对这位亡国之君的一点悼意，正如送年时的灶神，是因元僧杨琏发掘南宋十六朝（即自高宗以下）陵寝后，浙省人民怜其无血食而故作神像，以为供祀一般。宋高宗的为人如何，因非本题以内无须赘述。现在且单论崇祯皇帝，则早已有“君非亡国之君”的定论了。既然非亡国之君而终至于天翻地覆者，曰：由于“××××××”也。记得苦雨翁对明之灭亡，大意也这样的说过：“想想明代的丢了实在并不容易，可是大家总算努力地把它丢了（文字或有出入）。”这话说得幽默，可也说得沉痛，说得警惕。而说时正是七八年前，虽然同是“怀古”，却未尝不含“苦口”的成分。至去岁十二月之末，据傅芸子先生所说，周先生还曾经有过提议，想在今年思宗殉国日作一纪念。我觉得在南方也不妨有此一举，如果能在凤阳自然更好，虽然一霎时就快农历四月了。不过这里话休絮烦，要紧谈的还是历史上的事情。

中国之被亡不止朱明一代，而亡国之君尤非思宗一人。何以大家对于明代和崇祯之结局这样的念兹在兹，特别感到惊心触目呢？亡国是一种不幸的事，至少在纸上是一个不祥的词，照理这些笔墨大可省去，何以写文章的人偏是拣这类材料呢？

我想这有几点。一、明代是我们倒数上去的第二代——第一代的清朝之亡于民国，本来是“光复”，后人的感情便与明之亡于清迥不相同。至于宋代之亡则又不及明代之近，这譬如跑路，总愿意先拣密近的地方起步。二、明代覆亡，思宗殉国的确特别尴尬，特别凄惨。而在思宗自缢后那些局促东南的五藩的起迭、倾轧，也使人感喟无穷。但在明以前的别一代之覆灭，其凄惨或者也有之，所以仍感到明之深切者，盖因适才说的距离我们较近，感觉上较为新鲜耳。三、想到明代的完结，不禁又想到它的兴起及沿革，单是明太祖朱元璋之对待臣士，就总有几句话想说。四、天启、万历等之政治的社会的局面，有可与我们部分对照者。五、流寇——这是断送朱明的最雄大力量。而张（献忠）、李（自成）又是我们祖先里面很独特的一种性格。说来有点灭自己的威风，他们暴露了中国民族“嗜杀”的“固有道德”，与民国后的地方军阀可谓承前启后。六、有人在事变前说中国现状与明末相类，换言之，明末最恶劣的条件，在当时几乎一一具备。例如内乱，是一个国家的动乱的根，而明末及今日政治社会之未曾少安，即系于此，亦二者互通之处也。

我举出这种理由，或许过于笼统细碎，但是许多人对于明之灭亡觉得特别触眼者，恐也不外乎上述的几点。因此姑且先举一二例子以为补充。

我不相信善男信女口中的因果报应。可是我很愿意将A代和B代的荣枯升沉相对比。对比之余，不禁略有几分的恐惧。故而我感到将历史比作孽镜台，真是再惬当没有了。在这座孽镜台前，芸芸众生的一颦一笑无不毕现，然而它不单单给我们以欣赏的快感，同时还需要上面说的战战兢兢的恐惧之感。它仿佛告诉我们，前一代所种的苗，在后一代会长出怎样的果来。但这决非世俗的果报之说，乃是物观的社会学上的呼应，丝毫没有神秘的迷信在内。所以有天启、万历政治之黑暗腐败，才有流寇——农民暴动的发生，至于使所谓三百年祖宗基业断送而后已。

说到明太祖朱元璋之“旋转乾坤”，原是得来并不容易。他最初也是借农民力量对抗胡元，只是其中再加上民族主义的号召。可是一等到他削去劲敌，敉平内患以后，他便进一步效法起汉高祖诛“功狗”故事，将某些勋旧及有反叛嫌疑的大加捕杀。清人赵翼在《廿二史札记·明初文字之祸》有很详细的记述：

明祖通文义，固属天纵。然其初学问未深，往往以文字疑误杀人，亦已不少。《朝野异闻录》：三司卫所进表笺皆令教官为之。当时以嫌疑见法者：浙江府学教授林元亮为海门卫作增俸表，以表内作“则”垂宪诛。北平府学训导赵伯宁为都司作万寿表，以垂子孙而作“则”诛……常州府学训导蒋镇为本府作正旦贺表，以睿性“生知”诛……怀庆府学训导吕睿为本府作谢赐马表，以遥瞻“帝扉”诛……尉氏县教谕许元为本府作万寿贺表，以体乾“法坤”，“藻饰太平”诛。德安府学训导吴宪为本府作贺立太孙表，以永绍亿年，天下“有道”，望拜青门诛。盖则音嫌于贼也，生知嫌于僧也，帝扉嫌于帝非也，法坤嫌于发髡也，有道嫌于有盗也，藻饰太平嫌于早失太平也。《闲中今古录》又载：杭州教授徐一夔贺表有“光”天之下，天“生”圣人，为世作“则”等语。帝览之，大怒曰：生者僧也，以我尝为僧也。光则剃发也，则字音近贼也，遂斩之。礼臣大惧，因请降表式。帝乃自为文播天下。又僧来复谢恩诗有“殊域及自惭，无德颂陶唐”之句。帝曰，汝用“殊”字是读我歹朱也，又言无德颂陶唐，是谓我无德，虽欲以陶唐颂我而不能也。按是时文字之祸起于一言——时帝意右文，诸勋臣不平。上语之曰：世乱用武，世治宜文，非他也。诸臣曰：但文人善讥讪，张九四厚礼文儒，及请撰名，则曰士诚。上曰：此名亦美。曰：孟子有士诚小人也之句也，彼安知之？上由此览天下章奏，动生疑忌，而文字之祸起云。

这很生动地写出了一个多疑多忌、残酷阴鸷之枭主的面影。赵氏说他“然其初学问未深，往往以疑误杀人”，恐怕说得还太客气。因为谁都可以看得出朱元璋本来是有计划的，不然，除非疯子才这样。只是他的行径，颇近于未庄的阿Q，彼此同样的，不许别人在自己面前用光、亮等词。然而疑忌之来还是由于惧怕之深，大约这时候的他，占有的欲壑愈来愈强烈迫切了，于是感到四面八方都是他的敌人，都在侮辱他，侵害他，心有所惧，意有所忌，遂急不择暇地滥施屠杀了。善乎郭鼎堂先生之言曰：世间唯最怯弱者为最残酷。这只要看历来明太祖似的人就是明证，而唯大慈悲者方才是大勇。

然而朱元璋这样的做，是否成功的呢？不用说，他是成功的。但在这成功的过程中，他还是时刻地陷在冲荡激斗之中而不得安定。因为这种烹狗藏弓的策略，最易引起臣下的存横竖横念头而跟他反抗叛变。套用一句老话，正是压迫愈厉害反对也随之。因此，在他的手里，就有胡惟庸与蓝玉之变的老路。据陈邦瞻《明史纪事本末》所说：

（上略）会惟庸家人为奸利事道关，榜辱关吏，吏奏之，杀家人，惟庸谢不知。帝又究故诚意伯死状，惟庸惧且见发乃计曰：主上草菅勋旧臣，何有我？死等耳，宁先发，毋为人束手寂寂……使指挥林贤下海招倭军，约期来会；又遣元臣封绩致书称臣于元，请兵为外应，皆未发。会惟庸子乘马奔入挽辂中，马死，惟庸杀挽辂者，上怒，命偿其死，惟庸逆谋益急。而是时日本贡使适私见惟庸，惟庸约其王，令以舟载精兵千人伪为贡者。及期，会府中力士掩执帝，度可取，取之；不可，则掠库物泛海就日本有成约。正月戊戌，惟庸因诡言第中井出醴泉，邀帝临幸。帝许之，驾出西华门，内使云奇冲跸道，勒马衔言状，气方勃，舌駃不能达意。太祖怒其不敬，左右挝捶乱下，云奇右臂将折，垂毙，犹指贼臣第，弗为痛缩。上悟，乃登城望其第，藏兵复壁间，刀槊林立。即发羽林掩捕，考掠具状，磔于市。并其党御史大夫陈宁，中臣涂节等皆伏诛。僚属党与凡万五千，人株连甚众。（按此段史事如得专家改编为京剧，亦颇有紧张火炽之处。）

其次的蓝玉之叛，也初因得不到“太师”而怏怏不乐，又因“居宋颍二公下，间奏事，上不从，玉惧，退语所亲曰：上疑我矣！乃谋反”。这一方面是胡、蓝等倚恃勋旧的功劳而恣意跋扈，擅作威福，但反过来恰成为功高震主，君臣的隔膜日深而“功狗”的悲剧就不可避免了。总而言之，症结还在双方的地位太高欲望太重，疑惧也接踵而起——一个怕，一个忌，怕忌的极端自然是斗争，斗争的结果自然是兵强马壮者的胜利。语有之，伴君如伴虎；而帝王之类更是可以共患难而不可共安乐的。推而言之，世间一切纷争的酿成，大部分不外是利害的冲突与阶级的分化。胡、蓝等在佐明太祖起兵之初，正像韩信、萧何之与刘邦，双方的目标相同，步伐整齐，利害一致，也就是“可与共患难”的时候。然而一等到皇觉寺的小僧化而为大明太祖高皇帝以后，于是双方就渐趋于隔膜与对立，向之所殚精竭虑，攻守策划等的力量，这时便转移过来，视同劲敌——或者是将部下的旧日功勋置诸脑后，遂使君之视臣与臣之视君无日不在提心吊胆之中。尤其是一般马上得天下的帝王，他对于这中间的变化奥秘，早已从事实中亲自获得教训和经验，对于一切利害祸福之出入，更加成算在胸，正是人之情伪，尽知之矣。所以在疑惧防忌之后，就会知道去怎样应付怎样克服，且无不驾轻就熟以至于凶终隙末。从前看过汪景祺的《读书西征堂随笔》（汪景祺，字无已，号星堂，浙江钱塘人，户部侍郎汪霖次子。后来即因这册随笔弄到杀头，妻子发遣黑龙江给予穷披甲之人为奴，期服亲兄弟等革职，为清初一大文字狱，故此书亦为禁书。兹据商务铅印本《历代小说笔记选》中引录），末《功臣不可为》一文中的几句话，虽然出于个人的牢骚，却不失伤心悟道之言，并对洪武之杀开国诸臣亦表示过愤慨，宜其触动小心眼的专制帝王之忌矣。文末有“洪武僇开国诸臣，如屠羊豕，靖难兵起而金川不守，可胜慨哉，可胜慨哉”诸语，尤觉恰中肯綮。其起句云：“鸟尽弓藏，古今同慨。论者咸谓功高不赏，挟震主之威，不能善自韬晦，故鲜有以功名终者。”而汪氏以为不然。其下即列举猜忌之主对于臣下刻薄寡恩的心理过程，由是而疑心生焉，畏心生焉，怒心生焉，直至于厌心生焉；则“以此四者待功臣，有不凶终而隙末者乎”！此正“千古之豪杰英雄，所为槌心而泣血者也”。良以“猜忌之主，其才本庸，其意复怯”，而其最初不过利用英雄豪杰们的性命血汗来开疆拓土罢了。继而横加疑惧，嫌隙丛生，遂使血性者不能不走逼上梁山的末路。汪氏复举出历史上几件事实，其最有警意的则为：“刘巨容追黄巢几获之，而纵其去。曰，国家喜负人，不如留之以为富贵之资，而唐社遂屋。虽由臣节之未纯，亦猜暴之主有以致之也。杀道济而长城坏，害萧懿而东昏亡。”——凡此诸语，的确戳穿了古今枭主的心术，虽然笔锋颇带感情，却亦理直气壮，而在二百年前能够率直地说，更加感到大胆。不过他所得的报酬不是帝王的反省，而是上述的自己身首异处，亲属充军革职，为清初文网史添上血腥的一章，盖雍正之残酷猜鸷固不下于朱元璋也。

但在另一方面，一切歌功颂德粉饰升平之作，却也“一朝天子一朝臣”地应运而生。例如朱元璋的早年，本来也同刘邦一样的无赖潦倒。一旦贵为天子，就连他们的诞生也充满了神话的色彩。又因朱氏曾经出家为僧，后来也一定要“自圆其说”故作美谈。商务丛书集成中有《天潢玉牒》《皇朝本记》二书（系据纪录汇编本影印。其撰述人不详，仅末题广信府同知邹潘等临江府推官袁长驭等校正对读），就是专记朱氏幼年出身、中年经营帝业及暮年的动态。二书记朱氏诞时之神异大致相同。兹引《天潢玉牒》所记云：

> 太祖高皇帝先世江东句容朱家巷人……仁祖（朱父）年五十迁钟离之东乡。天历元年戊辰，龙飞濠梁，九月十八日，太祖高皇帝降诞。先是陈太后在麦场见西北有一道士，修髯簪冠，红服象简，来坐场中，以简拨白丸置手中。太后问曰，此何物也。道人曰大丹，你若要时与你一丸。不意吞之。忽然不知往，及诞，白气自东南贯室，异香经宿不散，后不能食。淳皇求医妇，有一僧奇伟坐于门侧曰，翁何往。淳皇曰，新生一子不食。僧曰何妨，至夜子时，自能食。淳皇谢，许为徒，入家取茶不知何往，至夜半信然。后十年迁钟离之西乡，时至正丁丑，俄有一老翁造门曰，你家有一龙，时太祖正在侧……太祖自念婴孩时多疾，舍入僧寺，及长，淳皇将许之，太后不许，因循未入释氏。疫疠既侵，遂请于仲兄，师事沙门高彬于里之皇觉寺，邻人汪文助为之礼，九月乙巳也。在寺居室，夜有红光，近视弗见，众咸异之。

其实“英雄不论出身低”，没有这些人造的论词，于朱元璋的帝业未见得有何妨碍，而这样一来，在稍有识力者，反见得他过去之荒诞不经，迹近神怪了。盖日光底下无新事物，不论帝子走卒，原是今昔一例。

记得凤阳花鼓里面有几句唱词道：“说凤阳，道凤阳，凤阳本是好地方，自从出了朱太祖，十年倒有九年荒。”又云：“大户人家改行业，小户人家卖儿郎，奴家没有儿郎卖，身背花鼓走他乡。”这些地方才表现了民间哀乐的真切的一面——老百姓最质朴而悲凉之心声，不是执笔杆儿的人所能遮掩缀饰。凤阳出了明太祖，而江东儿女反无噍类，对儿时游钓之故乡尚如此，则朱元璋之对天下臣民不难概见。本来朱氏父子（其子朱棣）的凶残乖戾，历史上早负盛名，徒以其驱走蒙古人遂把他拉入“民族革命”的“先辈”队伍中——这或者也是一种办法，只是很容易养成但论成败不计是非的盲从的倾向，而且尤其应该警惕。反之便是这方面的灵敏而别方面的麻痹，其不能挣脱奴隶的命运一样，而也正是狭义的民族主义之弊。

至此又想起俞平伯先生的《杂拌儿》一百十二叶，有《记在清宫所见朱元璋的谕旨》一文。内录谕旨三道，第一道很短：

奉天门晚朝奏，犯人常升孙恪下家人一十六名，火者七名……奉圣旨：“但是男子着王那里都废了，妻子就那里配与人。钦此。”

第二道就是关于蓝玉叛变的事：

洪武二十六年二月十九日锦衣卫百户郝进传奉圣旨：蓝总兵通着军前卫指挥千户百户总旗小旗造反，凌迟了。着王那里差的人当同郝进去，将会宁侯并他的儿子都凌迟了，家人成了的也废，妇女与晋府配军。马匹多时，牵两三匹回来，其余的交在晋府。家财解来京城。来东胜马匹多。好生机密！着那里不要出号令。钦此。

这里的几个“着！”“着！”，就活活地写出了朱元璋的权诈与阴鸷，而与正史的记载相合。俞氏也云：“只这两条，朱元璋的残忍已如见；不出号令，族诛功臣，更觉森然可怖。”到了其子燕王朱棣，又不愧家学渊源，对付铁铉等及其家属，完全一仍乃父的作风，现在也有“圣旨”可证，所以鲁迅翁以为其凶残远在流贼张献忠之上。我现毫无代横死于朱氏父子之手的冤魂出气的意思，但我们如果稍为“有闲”一点，不妨看一看他们末代子孙崇祯的下场吧。

据《明史》所记崇祯殉国的情形云：

> 十八日，贼攻益急。（李）自成驻彰义门外，遣降贼太监杜勋缒入见帝，求禅位。帝怒，叱之下。诏亲征。日暝，太监曹化淳启彰义门，贼尽入。帝出宫登煤山，望烽火彻天，叹息曰：苦我民耳。徘徊久之，归乾清宫，令送太子及永王定王于戚臣周奎田弘遇第，剑击长公主，趣皇后自尽。十九日丁未，天未明，皇城不守，鸣钟集百官，无至者。乃复登煤山，书衣襟为遗诏，以帛自缢于侧。自成毡笠缥衣乘乌驳马，入承天门，伪丞相牛金星，尚书宋企郊，喻上猷，侍郎黎志升，张嶙然等骑而从；登皇极殿据御座。下令大索帝后，期百官三日朝见。文臣自范景文，勋戚自刘文炳以下，殉节者四十余人。宫女魏氏投河，投者二百余人。象房象皆哀吼流泪。太子投周奎家，不得入，二王亦不能匿，先后拥至，皆不屈，自成羁之宫中。长公主绝而复苏，舁至，令贼刘宗敏疗治。已乃知帝后崩，自成命以宫扉载出，盛柳棺，置东华门外，百姓过者皆掩泣！

据《明史纪事本末》所说，思宗召公主时（公主年十五），并叹曰：“尔何生我家！”嗣即“左袖掩面，右挥刀，断左臂，未殊死，手栗而止”。又其自缢前亦有遗书曰：“朕自登极十七年，逆贼直逼京师，虽朕薄匪躬，上干天咎，然皆诸臣之误朕也。朕死无面目见祖宗于地下，去朕冠冕，以发复面，任贼分裂朕尸，勿伤百姓一人。”另外复书致一行百官，俱赴东宫行在。盖犹以为阁臣已得朱谕，不知内臣持朱谕至阁时，阁臣已散，置几上而反，因此文武群臣没有一人知道云。

从前曾经看过周信芳的《明末遗恨》京剧好几遍，跟史传所载还大体吻合。我特别欣赏夜访、撞钟等几幕，不论角度，光线与动作上确有感人至深的地方。其手刃长公主也说，“谁叫你生在亡国的帝王家”！不禁感到末路帝王的命运，真不及太平时的畜生——不过这样的话在六朝时已曾有过，如宋始平王子鸾被害时，礼佛曰：“愿身不复生王家！”可谓千古冤魂如同一辙。想起洪武、永乐僇杀臣下的惨毒，又仿佛觉得冥冥中别有一种力量在回荡着，虽是鄙人之少信，亦虽免“予欲无言”了。

话说回来，思宗的下场固然弄得人亡，家破，国灭——照顾炎武先生的说法，该是“亡天下”了。但历来为对他人的舆论，似乎还站在忠恕的一边，至少他能以毅力来解决其生命，终比伣伣沁沁苟活人间之辈强得多了，虽然这也只能偶一为之的、没奈何的最后一着。而其最大毛病当是优柔寡断吧。这连他的妻子周皇后也说：“妾事陛下十有八年，卒不听一语，至有今日。”大约就是指他平日缺少决断，不能多采谏诤之言，到了后来纵想力图振作却已“大事去矣”（亦周皇后语）。然而平心的说朱明之亡，思宗的责任究竟是极少的一部分，可谓明之亡也有崇祯，无崇祯亦亡。主要的还是他祖宗和他前两代所种的根。像朱元璋以科举愚民，使一般黔首们日夕潜心在八股考卷里面而分散他们对政治之关心，不能不说主因之一。这在平时诚然是成功的政策——对于自己统治权之稳固。可是到了要紧关头，就是说要士大夫们负起“御侮救国”的重肩时则弊害也老实不客气地暴露出来。所以前人对八股与明之亡就有诗为证云：“谨具江山百座城，崇祯夫妇列双名，大红柬子书申敬，献纳通家八股生。”此虽可见明末士风之浇薄，然八股与明代兴废的因缘也是实情。这是“愚民”的必然的收入，惜于三百年来未必能多所改正。“愚民”或能取效于一时，不过充其所至，则“愚民”跟“弱国”自然无法分开，而“帝业”之飘摇也随之矣。其次，则像我前面说的，明太祖最初乘民不聊生之际，利用农民对元人的冲突而握取政权，可是后来对于土地和经济方面依然别无良策，不过以专制的权威横加压迫，结果就有李自成等领导的农民之军事暴动。而李自成在起初的时候，对于贫农，倒确分施了一点小惠，所以有这么大的声势。复次是宦祸——关于这一点，我觉得历来宦官之所以动辄偾事，自有他政治的、社会的、生理的原因，而生理的变态，尤为重大，一旦有机可乘，就易走“极端”的路。不过太监的把持政局，其间必有人主和党羽的姑息助长。如明代魏忠贤之淫威，不消说，还不是借了士夫的攀缘狼狈，士夫之所以要联络宦官，自因他们接近君侧，易于凑纳。《明史·阉党列传》序首云：

明代阉宦之祸酷矣。然非诸党人附丽之、羽翼之、张其势而助之攻，虐焰不若是其烈也。中叶以前，士大夫知重名节，虽以王振、汪直之横，党与未盛。至刘瑾窃权，焦芳以阁臣首与之比；于是列卿争先献媚，而司礼之权居内阁上。迨神宗末年，讹言朋兴，群相敌仇，门户之争固结不可解，凶竖乘其沸溃，盗弄太阿，黠桀渠窜身妇寺，淫刑痛毒，快其恶正丑直之私，衣冠填于犴狴，善类殒于刀锯。

这说明了明中叶以后太监与士夫朋比的丑态。其后更有魏忠贤之无法无天的荼毒。在洪武建明之初，对于太监的限制却是很严厉的，并“定制不得兼外臣，文武衔，不得御外臣冠服，官无过四品，月米一石，衣食于内廷。尝镌铁牌置宫门外曰：内臣不得干预政事，预者斩”。可惜不久此制渐弛，至神宗时正是《红楼梦》所说，“和尚无儿孝子多”，魏忠贤的义子与生祠挤破朱明的天下了。

我想写一篇《魏忠贤的生祠》一文。因为太监是中国“固有文化”中最独特的一种，而魏忠贤也是太监中最出色的一员，我们倒不能小看。目前已经得了一部分材料，如果能利用得好，那么，或者能够反映出明代一部分智识分子穷极无聊的可悲（我们也只能说是可悲吧）之嘴脸。如当时监生陆万龄就把魏阉比作孔子，因一则作《要典》，一则作《春秋》，一则诛东林党人，一则诛少正卯也。其后巡捕杨邦宪建祠南昌，毁周、朱、程三贤祠益其地，鬻澹台灭明祠碎其像。比疏至，崇祯已即位，对杨疏且阅且笑——这些都是很有趣的材料。等到甲申变作，缒入见思宗劝“禅位”者亦是太监杜勋。后三月甲辰以知单开城迎敌，其第一名又是中官曹化淳，可见太监也真能尽其努力亡国之好事，岂魏厂臣之幽灵犹在呵护耶。甲申去今恰三百年，“余生也晚”，已不及见太监（虽则要见不难），尤不及见太监之亡国，这真可说幸呢还是不幸。

附记：

听说本市的 ×× 园主曾经蓄过清故宫的太监，这种表示阔绰的心理，同样也觉得近乎反常，而这位园主之义子之多，尤足与魏阉媲美云。

（民国甲申小满日，夜，灯下。）[1]

[1] 本文写于 1941 年。

胡惟庸案

明太祖在位时，大狱朋兴，洪武十三年胡惟庸之狱，前后长达十年，族诛至三万余人，亦历代所仅见。而此案颇具传奇性，明清人已有怀疑，今人吴晗曾作《胡惟庸党案考》专文。《明史·奸臣传》，第一人即为胡惟庸，但《明史》在叙述时，语亦暧昧，《奸臣传》前言中有云：“当太祖开国之初，胡惟庸凶狡自肆，竟坐叛逆诛死。”意思是惟庸的“凶狡自肆”是因，“叛逆诛死”是果，似只承认其人品的恶劣，“竟坐”之“竟”含有意外的含义。

胡惟庸为定远人，与太祖也可说是同乡，于和州归太祖后，一直受到重用。洪武六年，由右丞相而进为左丞相，因而宠遇日盛，生杀黜陟，或不奏径行，四方之趋附者日走其门，所受财物，不可胜数。但权臣的专横跋扈是一回事，叛君谋反又是一回事，奸臣不等于叛臣。严嵩父子的种种罪恶，原是无可讳饰，但说严世蕃通倭谋反就不实了。

据《明史》本传所载，惟庸反志之发端，起于这样一件异事："其定远旧宅井中，忽生石笋，出水数尺，谀者争引符瑞，又言其祖父三世冢上，皆夜有火光烛天。惟庸益喜自负，有异志矣。"此事本不可信，有的书上说是府第溢醴泉，更为可怪，即使旧宅内出现一些奇异的迹象，但是否由此而"有异谋矣"，也是疑问。这时惟庸几已一人之下，而太祖政权也极为稳固，谋反并非像小孩骑竹马、弄木棍那样可以随便玩玩，那是连六亲都会断送的。这一点，惟庸也是明白得很。

《明史》又记惟庸与吉安侯陆仲亨、平凉侯费聚密谋时说："吾等所为多不法，一旦事觉，如何？"陆、费原已有过过失而为太祖斥责，于是"二人益惶惧，惟庸乃告以己意，令在外收集军马"。凡是真的想谋反的人，不会承认自己的行为是"不法"的。再说陆、费不法之事，一是"擅乘传"，一是"日嗜酒色"，在当时也算不了什么大罪，他们会因此而起反心吗？

清初人谷应泰《明史纪事本末·胡蓝之狱》记刘基死后，太祖向惟庸追究刘基死的原因，惟庸因恐被发觉（实则胡惟庸往探刘基之病，原是奉太祖之命而去），乃计曰："主上草菅勋旧臣，何有我！死等耳，宁先发，毋为人束手寂寂。"因而拉拢陆、费，与《明史》所记的又不同。

《本末》又记云："正月戊戌，惟庸因诡言第中井出醴泉，邀帝临幸，帝许之。驾出西华门，内使云奇冲跸道，勒马衔言状，气方勃，舌倔不能达意。太祖怒其不敬，左右挝捶乱下。云奇右臂将折，垂毙，犹指贼臣第，弗为痛缩。上悟，乃登城望其第，藏兵复壁间，刀槊林立，即发羽林掩捕，考掠具状。"这一段故事，《明史》没有记载，可能因为太离奇了。按照《本末》所记，这时胡惟庸的反状已很显著，甚至与倭王约定，并遣旧时元臣封绩向塞外蒙古称臣，太祖竟毫无所闻，还答应惟庸到其家观赏醴泉，而驾出西华门时，偏巧又会遇到云奇，云奇为什么不早一点进宫奏告？太祖既已省悟，应当大为吃惊，立即返回宫中，以防再有意外，却还好整以暇地登城观望[1]，连复壁间谋反的兵器都看得清清楚楚。再说，胡惟庸既已下了冒万死、宁先发的决心，他的丞相府周围却无亲信窥伺巡逻。按照常识，胡惟庸既知太祖允临其第，事前必有严密的戒备措施。黄云眉《明史考证》卷三百八，亦以此事出于后来中人之附会，“传不取之是也”。

《明史》跳过这一段，先记因汪广洋妾陈氏从死事被太祖知道后，太祖大怒，“乃敕法司取勘，于是惟庸及六部堂属咸当治罪。明年（十三年）正月，涂节遂上变，告惟庸。御史中丞商暠时为中书省吏，亦以惟庸阴事告。帝大怒，下廷臣更讯，词连宁、节。廷臣言：‘节本预谋，见事不成，始上变告，不可不诛。’乃诛惟庸、宁并及节”。宁指御史大夫陈宁，节指中丞涂节，两人都参与惟庸密谋。而《明史》略去的惟庸邀太祖观醴泉这一事，倒是很重要的，这一事如果不可信从，则可信从的就不多了。

像胡惟庸这样阴狠的权臣，和其他大臣之间必然有许多矛盾，他在背后，对太祖也难免有些牢骚不满之词，但这并不能作为“有

[1] 胡惟庸府第究在京城何处，太祖登城是否望得见复壁兵器？可参阅吴晗文。

异谋”的确证。只是一旦成为罪人时，却无一而非罪状了。

《明史》又云：“惟庸既死，其反状犹未尽露。”惟庸既经审问，何求不得，为什么不能查个水落石出，直到十年后才能“肃清逆党”？末云：“株连蔓引，迨数年未靖云。”此用曲笔，史官之意自很明白。

《明史纪事本末》是相信胡惟庸谋反的，但谷应泰在评论中说：“而乃以一人跋扈，遂疑尾大之图，仓卒启机，傅会难明之事，株连者四万，失侯者二十，周内深文，亦云惨矣。”似乎只承认跋扈，而且只是一人。

《国榷》卷七谈迁评曰：“或曰：惟庸非叛也。素作威福，怵于汪广洋之斩首，积疑成狱，既斧钺不少贷，而缓李善长、陆仲亨、费聚何也？可以知其故矣。”

意思是说，陆仲亨、费聚原是和胡惟庸同谋的，太祖却饶赦了他们（李善长后来自缢死），可见惟庸叛君非事实，否则，为什么肯放过陆、费[1]？只是到了二十三年，还是在劫难逃。

说得最痛快的是赵翼《廿二史札记》：“至明祖则起事虽早，而天下大定则年已六十余，懿文太子又柔仁，懿文死，孙更孱弱，遂不得不为身后之虑。是以两兴大狱，一网打尽，此可以推见其心迹也。胡惟庸之死在洪武十三年，同诛者不过陈宁、涂节数人。至胡党之狱则在二十三年，距惟庸死时已十余年，岂有逆首已死，同谋之人至十余年始败露者？此不过借惟庸为题，使狱词牵连诸

[1] 查继佐《罪惟录》列《奸佞传》与《叛逆传》，而入胡惟庸于《奸佞传》，并以为惟庸通倭为不可信。

人，为草剃禽狝之计耳。胡党既诛，犹以为未尽，则二十六年又兴蓝党之狱，于是诸功臣宿将始尽。”瓯北论史评诗，常有灼见，此亦其一。

蓝玉案

蓝玉，定县人，与胡惟庸同乡，开平王常遇春妻弟。临敌勇敢，所向皆捷。平滇后，以其女为蜀王妃，成为太祖的亲家，太祖比之为卫青、李靖。

玉有大将才，（中山王）徐达和常遇春卒后，屡领大军立大功，由此骄傲自恣，广蓄庄奴、假子。曾占东昌民田，御史按问，竟怒逐御史。夜叩喜峰关，关吏未按时接纳，便纵兵毁关而入。太祖闻之不乐。也应该不乐。

有人说他私通蒙古元主之妃，妃惭而自尽，太祖为此而切责蓝玉。太祖本欲封玉为梁国公，因其有过失而封为凉国公，并将其过失刻在世券上。西征还，命为太子太傅，玉不甘心居宋国公冯胜、颍国公傅友德之下，曰："我不堪为太师耶？"太师、太傅、太保称三公，以太师最尊。

洪武二十六年二月，锦衣卫指挥蒋瓛告玉谋反，发交有司审问，狱辞云："玉同景川侯曹震、鹤庆侯张翼、舳舻侯朱寿、东莞伯何荣及吏部尚书詹徽、户部侍郎傅友文等谋为变，将伺帝出藉田（帝王劝农）举事。狱具，族诛之。列侯以下坐党夷灭者不可胜数。手诏布告天下，条列爰书为《逆臣录》（见《明史》）。”从被捕到被杀只有三天，株连的具体人数为一万五千余名。

太祖藉田又是怎么一回事？黄云眉《明史考证》第四册，记潘柽章《国史考异》所引《逆臣录》载府军前卫百户李成招供云：“二月初一日，凉国公对我说，我想二月二十五日上位出正阳门外劝农时，是一个好机会。我计算你一卫里有五千在上人马，我和景川侯两家，收拾伴当家人，有二三百贴身好汉，早晚又有几个头目来，将带些伴当，都是能厮杀的人，也有二三百，都通□□，这些人马尽勾用了。你众官人好生在意，休要走漏了消息。定在这一日下手。”文中的□□当是夷虏之类字眼，为清代所讳。明代最恨北虏南倭，对逆臣常加以通虏（蒙古）通倭罪名。黄氏按语云：“按《考异》谓蓝党即胡党之流祸，甚是。帝王欲以天下私其子孙，凡有异己，猜嫌所及，剪灭务尽，太祖文宗，同此虐毒。惟《逆臣录》在慑慴一时，而《实录》欲以欺后世，其不详谋反始末，讳之也，非疏略也。”这也等于说，黄氏是不相信这类供词的。所谓“异己”，只是后来与太祖有嫌隙，但并无谋反之意的人。

我们试再从《明史·蓝玉传》后面所附蓝党六侯事迹来看，只有为首的曹震略觉具体：“蓝玉败，谓与震及朱寿诱指挥庄成等谋不轨。论逆党，以震为首，并其子炳诛之。”这里的“谓”即不能确定的“据说”之意，其余五人，都是着重叙其战功，末则含混地说了一句“坐玉党死”。

武将之外，还有两位著名的文士，一为长洲人王行，一为顺德人孙蕡。前者为北郭十子之一，著有《半轩集》，因在蓝玉家坐馆，玉并向太祖推荐过，遂以蓝党被杀。后者为南园五先生之一，著有《西庵集》，他死得更冤枉了，仅仅因为给蓝玉题画，也如秋风扫落叶那样卷进去了。

事后曾下诏曰："蓝贼为乱，谋泄，族诛者万五千人，自今胡党、蓝党概赦不问。"这数字是诏书中说的，或许还不止此数，不必研究了，太祖自己大概也意识到这数字太可观了。

赵翼《廿二史札记·胡蓝之狱》云："《明史》于诸臣传，惟蓝玉略见其粗暴取祸之由，他如冯胜、傅友德等，但叙其战功，而末即结之以赐死，明见其死之不以罪。李善长佐明祖起兵，位至上相封公，年七十有七，全家诛戮，传中既附着其锻炼之爰书，又载（虞部郎中）王国用为之辨雪一疏，以深著其冤。汤和亦被猜而竟得良死，则传末谓当时公侯坐奸党无得免者，和独享寿考以功名终，而深为之幸。皆以见明祖之猜忌好杀，可知立传之用意也。"王国用上疏，在李善长死之次年，疏末有云："今善长之子祺备陛下骨肉亲（按，李祺为驸马），无纤芥嫌，何苦而忽为此。若谓天象告变，大臣当灾，杀之以应天象，则尤不可。臣恐天下闻之，谓功如善长且如此，四方因之解体也。今善长已死，言之无益，所愿陛下作戒将来耳。"国用疏文，颇具抒情意味，其中有的话说得很沉痛。《明史》又云："太祖得书，竟亦不罪也。"亦具皮里阳秋之意，唯此疏实为解缙代草，可见解缙亦为善长不平。

《国榷》卷十谈迁评曰："蓝凉公非反也。虎将粗暴，不善为容。彼犹沾沾一太师，何有他望？（说得极有见识）胡惟庸通倭虏颇有迹，凉公欲以部校家奴数百千人冀幸万一，虽至愚不为也。富贵骄溢，动厚疑网，积疑不解，衅成钟室。噫！功臣葅醢，安得止大树之下，晚游赤松，庶几哉不殆不辱矣。”也是说蓝玉以骄傲粗暴取祸，但谈氏说胡惟庸“通倭虏颇有迹”，其他人这样说的很多，实不确。当是因为当时史料上如此记载，不由人不信耳。

胡、蓝的专横是事实，给他们以适当的惩罚也是应该的，但说他们谋反，却不能服人，即使他们罪有应得，何至株连如此之广，连给蓝玉题画的人也要杀头。所欲有甚于生，所恶有甚于死，阎王催命，只是世俗妄说，帝王却利用权力来收拾人的生命，而且殃及家族。死非其罪，死者永难瞑目。

上面说起蓝玉不甘心居宋国公冯胜、颍国公傅友德之下，这两人后来也不得其死。冯胜因战功，诏列勋臣重望者第三人，以细故失太祖意（什么细故不详），在蓝玉被杀的第三年即被赐死。傅友德曾向太祖求给怀远田千亩，太祖闻而不悦，拒之，蓝玉被杀的第二年也被赐死。

太祖晚年所以杀戮功臣，这要从他由患难而居九重这一经历上来探索，也促使他的性格逐渐凝固。《冯胜传》说“太祖春秋高，多猜忌”，倒是一语说破，于是与臣下有嫌隙，往往争意气而不争是非。他常对大臣用廷杖，就是为了使大臣受辱。他儿子燕王朱棣夺位时，对方孝孺等也是出于一时意气。方孝孺宁愿灭族，不肯草诏，何尝不是出于意气？太祖、成祖都是雄主，在中国历史上都有过拔地盖天的建树，但诛戮之滥，也不能不使读史者为之骇然。

高启腰斩疑案

高启死于腰斩，年仅三十九岁。文学史上都承认他是明代的大诗人，但他在明代只活了七年，他的惨死，不仅是明初一件笔祸，也是至今尚无结论的疑案。

元末天下大乱，群雄逐鹿，吴王张士诚割据于高启故乡苏州。他将原有府治扩建为宫殿，而将府治迁于都水行司。士诚败后，朱明建国，魏观出任苏州知府。他是一位贤太守，本可升任四川参政，因地方人士挽留而未去。他又将府治迁回原处，并请高启撰上梁文。御史张度遂以“兴灭王之基，开败国之河”为罪名劾奏。“灭王”指张士诚，“败国之河”指锦帆泾（遗址在盘门内，相传吴王乘锦帆以游）。结果魏观被杀，高启腰斩。事在洪武七年（1374年）。

后人也知道这只是由头，魏观因惩治不法土豪而被诬，高启的上梁文已佚，但《郡治上梁》诗尚在，只是应酬凑附之作。《明史·高启传》还有这样几句话：“启尝赋诗，有所讽刺，帝嗛（衔恨）之未发也”，至此作为报复。

那么，他究竟写过什么诗呢？有一首题为《宫女图》的：

女奴扶醉踏苍苔，明月西圆侍宴回。

小犬隔花空吠影，夜深宫禁有谁来？

唐代王涯曾作《宫词》二十七首，第十三首云：“白雪唔儿拂地行，惯眼红毯不曾惊。深宫更有何人到，只晓金阶犬晚萤。”二诗境味有类似处，实际都是从《诗经·召南》写男女幽会的“无使尨（多毛的狗）也吠”化出。吴乔《答万季野诗问》云：“小犬隔花空吠影，意何所指？答曰：太祖破陈友谅，贮其姬妾于别室，李善长子弟有窥觇者，故诗云然。李高之得祸皆以此也。”徐轨《本事诗》卷二也有相似记载。这倒很像宋太宗之逼幸南唐小周后。但李善长之被杀在洪武二十三年（家属被杀达七十余口），这时高启已死了十六年，而且高启另有一首《画犬》诗：“猧儿初长尾茸茸，行响金铃细草中。莫向瑶阶吠人影，羊车半夜出深宫。”羊车是宫闱中所用之车，故此诗也是写后宫隐秘。朱彝尊《静志居诗话》卷三：“此则不类明初掖庭事。二诗或是刺庚申君而作，好事者因之附会也。”庚申君即蒙元末代皇帝顺帝，因他生于庚申年。朱氏这一推论很正确。

推想起来，高启之死，还是因为他不愿出仕于新朝。元亡之后，他一度至南京参与编修《元史》工作，后又任户部右侍郎。但他自陈年轻不敢当任，坚请辞职，太祖乃赐金帛放还。赵翼《廿二史札记》有“明初文人多不仕”一文，即举高启之死事件，并引解缙奏疏云：“陛下无几时不变之法，无一日无过之人。”

文士得名后，进退去留，往往两难，高启蒙祸的真相虽尚难断言，但其故固可得而思。近人钱振锽诗云："我恨高皇造孽多"，此亦太祖造孽于文士之一端。

吴中四杰之冠的高启

去年因选注《明诗三百首》，涉猎了一些明代诗人的作品和资料，近承《苏州杂志》殷勤征稿，于是想到了高启（1336—1374年）：他因替魏观写过上梁文而株连惨死，也是明初东南一件大冤案。

刘基与高启都是朱明开国时期有成就的作家，但刘基后期已成为太祖的“吾子房也”，又卷入政争中（刘基之死，也是疑案）。高启却是纯粹的诗人，他的乐府诗，就非刘基所及。他与清初的吴伟业都以风格高华、音节浏亮[1]著称。明代不少诗人，在文学理论上都有自己完整的观点，并写过专题，各自代表一种流派，高启只是用诗歌本身来表达他对诗的认识。明初诗坛，还有一个人文地理上的特征，即名家大都出于南方（清代仍保持这种优势），尤蔚著于吴中。刘基曾被称为越派领袖，高启则为吴中四杰之冠。这当然由于当时南方较为富裕开放，苏州更加繁荣。

[1] 浏亮，指明朗。

少年时期，他没有投从过名师，全靠自己力学。十八岁时，和吴淞江畔的青丘巨室周仲达之女结婚，后遂移居岳家，自号青丘子。二十三岁时曾作《青丘子歌》，也是一篇微型的自传，反映了他在年轻时的志趣与愿望。他因曾住过吴县北郭，故与杨基、张羽、徐贲并称为北郭四子，余三子的成就都逊于高启，而四子的下场都很悲惨，杨基殒命于输所（服苦役的工所），张羽投水自尽，徐贲瘐毙狱中。

高启被腰斩时只有三十九岁，在明代仅生活了七年，时当大乱初平，雨露一新，却不让他再活下去了。所以，他的大部分时期是在元代度过的。当时元政已很腐败，群雄并起，东南涌汹，张士诚割据于苏州。他的《明皇秉烛夜游图》《听教坊旧妓郭芳卿弟子陈氏歌》，都是他歌行中的力作，实为有感于元主的享乐误国而作，露出他的萧条没落之感。后者作于元顺帝至正十年己亥（1359 年），开头的“文皇在御升平日，上苑宸游驾频出”的文皇，即指元文宗，沈德潜《明诗别裁集》云：“与少陵《观公孙大娘弟子舞剑器行》同一用意，盖拳拳故国之思，意不在教坊弟子也。而诗格则在元和、长庆之间。”此诗后于文宗时（约三十年）所作，过了十年，元朝就灭亡了。沈氏以为是元亡后作，实误。诗中“朝使今年海上归，繁华休说乱来非”二句，即指当时京师粮食恐慌，元主诏遣大臣以御酒、龙衣赐张士诚，征海运粮，乃运米十一万石至京师事。高启又有七绝《闻教坊人歌》：“《渭城》歌罢独凄然，不及新声世共怜。今日岐王宾客尽，江南谁识李龟年。”更是效杜甫的《江南逢李龟年》的。

他的诗，工于模拟，学什么像什么，也因为常服他人衣冠，因而能显示他本色和气魄的，便觉单薄了一些。这与他才到中年，便遭腰斩的惨遇也有关系，艺术生命过早地随肉体而被扼杀，如果天假以年，渐涉苍劲，必将枝盛叶茂，自成天趣。埋葬了一批有才情的诗人，也就埋葬了一片艺术的生机。在中国文学史上，这种痛心的例子，原不止高启等几人。

洪武二年，诏修《元史》，征高启、王彝等十六人共同纂修，并授以翰林院国史编修职。次年，高启乃移家金陵，由天界寺迁居钟山里第，其《清明呈馆中诸公》的“白下有山皆绕郭，清明无客不思家”一联，即颇为人传诵。同年七月，太祖御阙楼召对，擢启户部侍郎，启自承年少，不敢当重任而辞谢，太祖乃赐白金放归，在《始归田园二首》中，表现了极为轻快安适的心情。在《效乐天》之末云：“功名如美味，染指已云足。何待厌饱余，肠胃生疢毒。请看留侯退，远胜主父（主父偃）族。我师老子言，知足故不辱。”可见他已觉悟到富贵场中，非士子安身立命之地，哪里知道屠伯已在盯住他。《明史》本传记启放归后，有这样两句话：“启尝赋诗有所讽刺，帝嗛之未发也。”这句话说得很含混又像很含蓄，因而引起后人的附会。

这里先要说一说魏观的来历。

魏观，字杞山，湖北蒲圻人。洪武初，建大本堂，命观侍太子说书，及授秦、晋诸王经。后为国子祭酒、读卷官。太祖以苏州为京辅重地，经张士诚之乱，地方残破，以观有才能，命出知苏州府。因前任知府陈宁苛刻，人呼陈烙铁，观尽改陈宁所为，以明教化，正风俗，并建学舍，请王彝、高启、张羽修订经史，所以治绩为全国最优，颇受太祖奖勉。他本来要升为四川省参知政事（即后来的布政使），因苏州父老上书挽留，仍命观还治苏州。高启与魏观素有交谊，曾作《魏使君见示吕忠肃公旧赠诗因赋》的五古。吕忠肃为元末任湖广行省左丞的吕思诚，曾荐魏观于元廷，观辞不就。所以，魏观不但是一位受吴民敬爱的贤太守，与元朝、与张士诚也无任何瓜葛。

魏观亦能诗，著作有《蒲山牧唱》，如《遂安舟中》云："溪径斜斜入，柴门侧侧开。一牛临水立，双鸭避舟回。病眼青山豁，归心白发催。何因莼浦上，野老共传杯。"陈田《明诗纪事》曾摘其佳联数条，如"青虫悬丝不到地，黄鸟蹴花时近人"，"一苇载云归晚溆，百花吹雨入春流"，"松扉近挹桥边翠，花鸟平分水上云"。

张士诚割据时，以旧府治改建宫殿，而将府治迁于都水行司，即锦帆泾。魏观莅任后，以锦帆泾湫隘，仍迁回原处，其间自需整治修拓，御史张度借此劾魏观"兴灭王之基，开败国之河"，前者指观还府治于旧治，后者指相传吴王夫差曾作锦帆游乐，故名锦帆泾，故址即旧子城濠。高启有七绝《锦帆泾》云："水绕荒城柳半枯，锦帆去后故宫芜。穷奢毕竟输渔父，长保秋风一幅蒲。"所以张度罗织为"开败国之河"了。

狱成，魏观因而被杀，但据彭时《蒲山牧唱集序》所说："后奉命治苏州豪民之不法者，陷于诬以死。"明代吴中土豪强横是出名的，魏观又尽改陈烙铁的莠政，陈烙铁自然还有些亲信在苏州，魏观之死出于土豪的挟嫌，也有可能的。

高启因受株连而被腰斩（腰斩地点在南京），罪名是他曾为魏观作过上梁文。此文今已佚失，但《郡治上梁》诗今尚存集中，诗云：“郡治新还奋观雄，文梁高举跨晴空。南山久养干云器，东海初生贯日虹。欲与龙庭宣化远，还开燕寝赋诗工。大材今作黄堂用，民庶多被广庇中。”实为应酬凑附之作，想必应魏观之请。这样的诗，本领再大的诗人也是做不好的。《明诗》本传说的为太祖忌恨的诗，自非指这首诗，应是指《宫女图》。拙著《伸脚录》中已有专文谈到，这里不再说了。

推想起来，可能由于高启不愿出任侍郎，即不肯与新朝积极合作，明太祖就很憎恶严子陵，说是大家都去退隐，谁来替朝廷治天下呢？开国之君说这话，自也有他道理，只是手段太狠辣了。

因坐魏观而死的还有王彝，彝字常宗，其先蜀人，徙居嘉定，以布衣修《元史》后，乞养归，后人也有以为吴中四杰的张羽，可由王彝代替，其实还差得远。

赵翼《廿二史札记》的“明初文人多不仕”条：“盖是时明祖惩元季纵弛，一切用重典，故人多不乐仕进。解缙疏云：‘陛下无几时不变之法，无一日无过之人。出吏部者无贤否之分，入刑部者无枉直之叛。’练子宁疏云：‘陛下以区区小过，纵无穷之诛，何以为治？’”其中即提到高启等吴中四杰。

高启无子，只有女儿，张羽挽诗云：“中郎幼女今痴小，遗稿千篇付与谁。”杨基挽诗云：“每怜四海无知己，顿觉中年少故人。”徐贲挽诗云：“一读一怆情，老泪屡挥滴。”四子中似以徐贲年最长？

高启的诗文，曾由他内侄周立于永乐元年刊行，这是高集最早的版本。《儒林外史》金和跋语有“《高青丘集》即当时戴名世诗案中事”的话，《儒林外史》第三十五回又写庄征君向卢信侯道：“像先生如此读书好古，岂不是个极讲求学问的？但国家禁令所在，也不可不知避忌。青丘文字，虽其中并无谤毁朝廷的言语，既然太祖恶其为人，且现在又是禁书，先生就不看他的著作也罢。”又写卢信侯因家藏《高青丘集》，被士兵围住，次日，卢信侯自己投监去了。小说中的时间为嘉靖三十五年。

《儒林外史》固常借明事以影射清事，但明代从未禁过《高青丘集》，否则，永乐元年怎敢刊行（周立整理时可能在洪武年间）？金和跋语说是戴名世案中事，也不确。据何泽翰《儒林外史人物本事考略》，卢信侯影射刘著，著字允恭，号学稼，湖广江夏人，庄征君为程廷祚。廷祚曾撰《纪方舆纪要始末》一文，即是《儒林外史》写此案的粉本。总之，高启的集子明代未曾禁过，据《明史》说，太祖对魏观之被杀后来也有悔意。

大臣、大将、大诗人在太祖时的命运，在这三篇文章中，已觉灿然可观了。

沈万三之谜

沈万三是个雪球式的传奇人物，越滚越大，这与明清野史笔记之盛行，自然有关系，连《金瓶梅》中的潘金莲也在说："南京沈万三，北京枯树湾；人的名儿，树的影儿（第三十三回）。"自从周庄成为江南旅游的热点后，沈万三的故事更为人所乐道。沈万三没有留下任何诗文，周庄却成为苏南的文化古镇了。

铢庵（瞿兑之）的《人物风俗制度丛谈》的《沈万三》篇[1]，黄云眉《明史考证》的《马皇后传》，都摘录了不少史料，加上我自己看到的一些笔记，有关沈万三的记载多至二十余种，可是大部分是离奇怪诞，难以征信。我原来想从中看到一些元末明初江南商业活动的信息，结果大为失望。

这里先提出这样几个问题：万三是不是他的名字？他的真名

[1] 瞿先生摘录的笔记，也有未署作者姓名的，经查考后，仍无所得，只得阙之。

叫什么？晚清的胡雪岩，由出身、致富、捐官至失败，来历都很清楚，各书记载，大多可信，沈万三号称富甲江南，是用什么方法致富的？创办了哪些行业？他是被明太祖充军还是杀头的？是什么原因获罪的？什么时候死的？这些问题，各书皆有涉及，但一经参合对照，却像捣糨糊。

《明史》没有沈万三的传记，也不可能为他立传，但在别人的传记里，有三处提到他：

一是《马皇后传》："吴兴富民沈秀者，助筑都城三之一，又请犒军，帝怒曰：'匹夫犒天子军，乱民也，宜诛。'后谏曰（从略），乃释秀，戍云南。"从这一记载看，他是吴兴人，单名秀，因犒军而使太祖发怒。

二是《王行传》：吴县王行，于元末授徒齐门时，"富人沈万三延之家塾，每文成，酬白金镒计，行辄麾去曰：'使富而可守，则然脐之惨不及矣。'"《明史》是正史，而沈之名与籍贯却先后不同。王行说的话，似在显示他有预见性。

三是《佞臣·纪纲传》：吴中故大豪沈万三籍没后，其子文度尚有漏抄的不少金银宝贝，因而巴结纪纲。文度遂挟纪纲的恶势力，同分吴中美女。

下面再举一些其他资料。

沈万三名字的异说很多，有的写成万山。《明小记》云："沈仲荣名富，吴县人，以行三故呼为沈万三，一名万三秀。"高士奇《天禄识余》、宋长白《柳亭诗话》也这样说。但既然行三，为什么字仲荣？说他名富，是否因他是富豪而附会上去？

《明史》为什么说他名秀？明黄谷《碧里杂存》云："沈万三秀，

不知其名，盖国初臣富者谓之万户。三秀者，国初每县分人为五等，曰哥，曰畸，曰郎，曰官，曰秀，哥最下，秀最上。洪武初家给户由一纸，以此为第，而每等之中，又各有等，沈乃秀之三者也。至今民俗尚有郎不郎秀不秀之谚云。”那么，沈氏并非行三了，《马皇后传》中为什么将“秀”作为名字来称，后来忽又改为万三？按照《杂存》之说，应该读作沈万、三秀。可是像沈氏这样一个名满东南的富豪，最后连名字也不知道，也是令人费解的。

说到沈万三致富的来历更离奇了。现在民间还在说的“聚宝盆”一词，最初就是出在沈万三身上。明何孟春（嘉靖时人）《余冬序录摘抄》卷四云：“旧传沈万三家有聚宝盆事，云在沈氏，贮少物，物经宿辄满，百物皆然，他人试之不验。事闻太祖，取入试，不验，遂还沈氏。后沈氏籍没，乃复归禁中。尝疑世岂有此物，物安有是理？”何孟春对这一故事的真实性，实际已给予否定了。

《明小记》说此盆为张三丰所授，《张三丰全集》又记三丰曾以炼汞（水银？）术授万三，于是死汞点铜铁悉成黄白，万三遂以此富甲天下。朱素臣还改编过《聚宝盆》传奇。《曲海总目提要》所录阙名的《天燧阁》，也是演聚宝盆故事。

《挑灯集遗》也记沈万三得聚宝盆事，但是先从渔翁手里买到青蛙百余，万三纵于池中，喧鸣达旦，晨往驱之，见群蛙环踞一瓦盆，沈妻濯手于盆，遗一银记（银印）于其中，后来满盆都是银印，又以金银试之，也是这样。这是在宣扬放生报应之说了。

孔迩云《蕉馆纪谈》则说沈万三名山，起先很穷，以渔为生，后由一老人指引，得到七担马蹄金而致富。谢肇淛《五杂俎》卷三：“金陵南门名曰聚宝，相传洪武初沈万三所筑也。沈之富甲于江南，太祖令筑东南诸城，西北者未就而沈工已竣矣。太祖屡欲杀之。人言其家有聚宝盆，故能致富，沈遂声言以盆埋城门下以镇王气，故以名门云。”朱国桢《涌幢小品》卷十七：沈之致富，得之吴贾人陆氏。陆老叹曰，积而不散，是酿祸也，尽以与沈，陆则筑室湖上，为道士以终。此事尚非怪诞，但不合情理，一个商人而积资财，晚年怎么会都给予沈万三？黄云眉氏已有评疑。

从这些记载看，万三致富之由，没有一条是令人可信的。此外，田艺衡《留青日札》卷三十五，是这样说的：“万三名富，字仲荣，其弟万四，名贵，本湖州南浔人。父沈祐，始徙苏之长洲东蔡村。贵之子汉杰，又徙于化周庄。今南京之会同馆乃其故宅，后湖中地乃其花园。初居东蔡村，时人以污莱之地归之。祐躬率子弟服劳，粪池有方，潴者泄有法，由是致富不资。”这里说的“本湖州南浔人”，当是《明史》的“吴兴人”的依据。其次，照《留青日札》所记，万三的致富还是从他父亲沈祐开始，但污莱之地，意即积水生草的荒芜之地，沈氏父子即使辛勤服劳，经营有方，所得也是有其限度，到万三时，绝不可能富到可以筑城犒军，与天子争胜。

据上引《马皇后传》，万三触太祖之怒是因犒军，而据《明小记》：“太祖定鼎金陵，欲广外城，而府库空乏，万三愿各半以筑，先三日成，太祖忌之，会万三于苏州用茅山石砌街逾制，遂逮而戮之，而没其资。”这与《蕉馆纪谈》所记筑城事有同有异，《纪谈》又说“太祖谓其有谋不轨心，收杀之，血出尽白”，则是非充军而为被杀。但无论充军或杀头，在反映太祖性忌刻这一点上，倒是真实的。又据《梅圃余谈》：“张士诚称王，勒万三资犒军，又取万三女为妃。太祖定鼎金陵，万三又党于胡（惟庸）、蓝（玉），太祖大怒，胡、蓝诛，遂逮万三戮诸水西门外。”那纯然是政治原因，而非犒军筑城；万三女如真的是张士诚之妃，太祖即位后，立即可以将他拘禁、流放甚至斩首。

万三与张士诚有没有关系？据《吴江县志》：“沈万三秀有宅在吴江廿九都周庄，富甲天下，相传由通番而得。张士诚据吴时，万三已死，二子茂、旺密从海道运米至京师（此指元都）。”那么，万三的致富是由于通番，而万三之死，还在明太祖未登位时，《蓬轩吴记》也说太祖登位时，沈富已卒，乃召其二子茂、旺，令其献金，后沈茂得罪，从戍辽阳，而上引《纪纲传》所记万三之子名文度，非单名。

又据杨循吉《苏谈》：“沈万三家在周庄，破屋犹存，亦不甚宏壮，殆中人家制耳，唯大松犹存焉。被没者非万三家，盖万四之在黄墩者耳。”从这几条资料看，沈万三的充军、抄家（万四家）的事件根本就不存在。

叶梦珠《阅世编》：朱泾镇东市向闻有沈万三卧床，今为佛座。叶氏曾往观之，中有雕阑窗槅，顶如佛殿体制，“然看来或本是佛座乃沈所施耳，未必是卧床也”。这是一件小事，叶氏的推测合理可信，但在沈万三的致富问题上，却无法找到合理推测的依据，“通番”也不大可能。而最重要的一点，沈万三到底是什么时候死的？太祖即位于南京时，万三是不是还在世？如已去世，那么，连《马皇后传》中所记的故事也是虚妄的，因而仍然是一个谜。

补记：

此文写后，又检阅民国二十四年（1935年）出版的《首都志》，在城垣卷中有云：“明洪武二年始建都城，六年八月工成。”下注云：

“南京城周旧称九十六里，其实只有六十一里，但其长度已为世界第一。”这样艰巨的工程，不管沈万三怎样豪富，以个人力量怎能承担三分之一的筑城任务？所以《首都志》没有采录沈万三助筑城的资料。

聚宝门实因聚宝山而得名，聚宝山一名黄鹄山，在雨花台附近，因山上多石，色彩斑斓，故俗呼聚宝山。这与沈万三及其聚宝盆的传说，更不相干。

且城是天子之城，军是天子之军，沈万三只是一个商人，怎会如此狂妄，竟以筑城、犒军相请？太祖说：“匹夫犒天子军，乱民也。”果真有犒军之请，太祖之怒，倒也不算错。所以，筑城、犒军云云，根本不可信。马皇后世称贤后，《明史》这样写，或许为了显示她的慈厚。

方孝孺之死

明初燕王朱棣与建文帝朱允炆叔侄相残的宫廷政变，一方称为篡位，一方称为靖难，离开今天已有六百年，对我们毫无恩怨之私，又应该怎样看待？

明太祖在位时，立长子朱标为太子，不料太子先太祖而卒，那么，今后的大统应该由谁来继承？可以有两种办法：一是仍由第二代继承，在太祖诸子（即诸王）中选一个，一是由第三代的孙子一辈。结果由朱标之子皇长孙朱允炆继承，而其议出于一位七十余岁的翰林学士刘三吾："皇孙世嫡承统，礼也。"

第一代的太祖明明还在，允炆并非承重孙，却跳过第二代，落到第三代身上。允炆即位时是个二十二岁的青年。为人柔弱，恩威未立，第二代的一些叔父自然不会帖服。太祖卒后，又不让诸王奔丧，遗诏中固有"诸王临国中，无得至京"的话，但立遗诏时诸王皆不在京城，他们怎么会相信是真是假？

允炆即位后，便积极剪削诸王的势力，周王朱橚等都被囚禁，周王与燕王是同母兄弟，等于杀鸡示猴。燕王本是有野心有实力的人，怎能容忍得下？于是起兵反击，杀向南京，宫城破后，建文下落不明。《太祖实录》曾记这样一段故事："戊寅（太子死后第三天），上御东角门召廷臣谕之曰：朕老矣，太子不幸，遂至于此，命也。古云：国有长君，社稷之福。朕第四子（即燕王）贤明仁厚，英武似朕，朕欲立为太子，如何？翰林学士刘三吾进曰：陛下言是，但置秦、晋二王于何地也？上不及对，因大哭而罢。"

这里值得我们注意的，《太祖实录》是经过永乐时修改的，从修改后这段记载看，等于在暗示人们，太祖原是想以老四继承帝位，最后又以"因大哭而罢"的含混之词结束，显然为燕王承大统造根据。

燕王夺位后，建文诸臣中，他最切齿的是兵部尚书齐泰、太常寺卿黄子澄，方孝孺尚非其名单中人，结果方氏一门死得最惨，被株连的宗戚多至八百多人。

燕王起兵时，谋士姚广孝曾叮嘱他："杀方孝孺，天下读书种子尽矣。"这是对方孝孺的高度器重。燕王因而要求孝孺草登位诏，孝孺坚决拒绝，遂有所谓十族之祸。

方氏是一个复古派，他的政治理想是回到谁也说不清的井田时代。坐怎么坐，走怎么走，他都有板有眼，一丝不苟。《四库全书总目提要》对方氏的临危不屈的气节，称之为贯金石动天地，而对他复古守旧、不识时势变化的迂腐之见，则颇有讥贬："即使燕兵不起，其所设施，亦未必能致太平，正不必执讲学家门户之见，曲为之讳。"说得很公道。

燕王是太祖的儿子，也是朱家骨肉，既非异姓，更非异族，即使欲为故主效忠，坚守臣节，又何必连累到宗族蒙难。草诏之后，宗族得以保全，仍可慷慨赴死，完成其浩然之气，所以孝孺当时与燕王对抗，未始不是出于负气。《儒林外史》二十九回中杜慎卿说："方先生迂而无当，天下多少大事，讲那皋门、雉门怎么？这人朝服斩于市，不为冤枉的。"吴敬梓最痛恨道学家，但最后两句，未免过分。

方孝孺死难后，凡是收藏他遗文的即处死刑，宁海的章朴就是这样死的，临刑诗云："面母终无日，归魂定有期。空令二三月，鹃带血痕啼。"

就方孝孺个人的品节来说，杀身成仁，自足千秋，但就其应变的策略观之，不能无异词。当时的局势，方公还不曾到非死不可的地步。嘉靖时人王廷相就说："方逊学忠之过者欤？要亦自激之甚致之。忘身殉国一也，从容就死，不其善耶？激而至于覆宗，义固得矣，如仁孝何哉？轻重失宜，圣人岂为之。文山国亡被执，数年而后就死，人孰非之哉？"（引自谈迁《国榷》卷十二）马时芳《续朴丽子》下卷云："盖孝孺为人强毅介特，嗜古而不达于事理，托迹孔孟，实类申韩，要其志意之所居，不失为正直之士，故得以节义终。然而七百余口累累市曹，男妇老稚沥血白刃，彼其遗毒为已烈矣。"这与上述王廷相的议论相类似。方孝孺的遭祸，与文天祥的殉节，性质上也有所不同的。

但我们这样说的同时，却绝对不能掩护成祖对建文诸臣杀戮凌侮的残忍毒辣的面目，尤其对诸臣家族的株连，更为公论所不容，人们对方孝孺等所以分外同情哀怜，也因为成祖对他们过于残暴。

太祖登位之后，即对功臣及文士横加屠戮，到了第二代的成祖，又变本加厉，难怪近人钱振锽《读夏节愍公集》有“我恨高皇造孽多”之叹了。

天下难居是盛名

明初燕王朱棣夺位后，忠于故主的齐泰、黄子澄、方孝孺等之被残杀，且不去说它了。在建文诸臣，尚可说是求仁得仁，死本不辞，冤的却是一大批家属亲戚以至门生，一下子成为身首异处的孤魂野鬼，活着的也成为一大批孤儿寡妇；多多少少不应该死的人死了，不应该流放的人流放了，还有许多妇女被当作“淫贱才儿”赶进教坊，清白之躯横受蹂躏。“十族”究竟包括哪些人？史家说法分歧，这里且说人数，以方孝孺名下来说，大家能想象得到吗？竟达八百多人！（据黄云眉《明史考证》）祁骏佳《遯翁随笔》卷下云：“此亦千古以来所创见，惟始皇有此胆力，汉武不及也。读史者能无慨乎。”就是说，这样的胆力，汉武还比不上秦始皇呢。

到了万历十三年（1585 年），释放坐方孝孺案谪戍者的后裔，浙江、江西、福建、四川、广东共一千三百余人，方孝孺是浙江宁海人，所以浙江被释的最多，占七百一十三人。

方孝孺因拒不草诏而被杀，那么，续草的是谁呢？据查继佐

《罪惟录·惠宗（即建文帝）纪》："究竟禅草？相传王远善受命而作，或云实学士王景彰笔。又云继命御史（《明史》作侍读）楼琏，琏勉承，草讫，归见其妻，妻曰：'得无愧潜溪先生地下乎？'盖琏为宋濂门下士，辄内愧自经。"亦因草诏本非琏之本心，而琏与孝孺都是宋濂门下士。

《明史考证》引《太宗实录》《奉天靖难事迹》，谓成祖斥责方孝孺时，孝孺叩头祈哀。此类记载盖出杨士奇之曲笔。青史固有是非，而权力却可混淆是非，但其间亦未始没有敢犯虎口的人。

当时有个溧水人魏泽，字彦恩，曾任刑部尚书。成祖夺位后，谪为方孝孺故乡宁海典史。收捕孝孺家族时，魏泽曾藏其幼子，方氏才有后代，故谢铎诗有"孙子一叶是君恩"句，顾起元《拜方正学先生祠堂》也有"匿孤开县幕，收骨有将军"语，上句指魏泽，因典史为知县属吏，下句指曾宿卫殿廷的廖镛，因收方孝孺尸而论死。但《明史·方孝孺传》云："而孝孺绝无后，唯克勤弟克家有子曰孝复"，孝复有子琬。克勤为孝孺之父，则孝孺一系已绝灭，方家的后代只有孝孺堂兄弟孝复一系才留存下来了。大概因《明史》为官修之史，故不录这类隐秘性的事件。

《明史》无魏泽传，各书所收魏泽之诗，仅下面所录一首。魏泽既已获罪于新即位的成祖，却还冒万死而匿藏罪人的遗孤。丧乱之际，能作义举，自尤为后人钦重。

过侯城里有感

笋舆冲雨过侯城，抚景依然感慨生。

黄鸟向人空百啭，青猿堕泪只三声。

山中自可全高节，天下难居是盛名。

却忆令威千载后，重归华表不胜情。

侯城里为方孝孺故居的街坊，孝孺曾著有《侯城杂识》。黄鸟当是用《诗经·秦风·黄鸟》的典故，原为哀三良而作。山中句指伯夷、叔齐高节事，天下句原出《旧唐书·房琯传》赞：“然盛名之下，为难居矣。”魏诗这两句，对孝孺也含婉讽之意。燕王发兵时，道衍（姚广孝）曾说：“城下之日，彼必不降，幸勿杀之，杀孝孺，天下读书种子绝矣。”燕王之必欲以孝孺草诏，固慕其盛名，然孝孺实一急以功名自见之人，未必甘终老于山中。

宋长白《柳亭诗话》卷十五云：“正学欲行三代之法，于建文遂致靖难之祸。山中自全，岂读《周礼》讲衍义者所肯出乎？然谓其盛名难居，则良药也。”

这里还要介绍吴乔《围炉诗话》卷六一段评论：

“锻者有冷锤，于成刀后细密加锤也。精铁得此愈见坚利，毛铁则破碎矣。注释，诗文之冷锤也。有意则精彩倍加，无意则破碎不堪矣。请以此中所鄙而不收之魏泽《过侯城里》诗，与所收之惊心动魄李献吉（梦阳）《秋望》诗，并注而同论之。侯城里，乃方正学之故里。成祖之待建文忠臣，从古所未有，为之臣者，既不可明言，而正学之谋国，不无可议，事既至此，又不忍深咎，此其立言之难也。诗曰：‘笋舆冲雨过侯城，俯仰令人（与前录‘抚景依然’异）感慨生。黄鸟向人空百啭，清猿堕泪只三声’。能融景入情矣。又曰：‘山中自可全高节，天下难居是盛名。’

当时岂无雪庵辈[1]，而方不容然者，名为之也。‘盛名’，虚名也。方固正人，而非文种、范蠡谋国之才，太祖拔之以付建文，遂柄国政，又为道衍所荐，成祖必欲屈而用之，以致言语抗激，而成十族大祸，是‘难居’也。诛窜之滥，及于朋友门人，郡邑为之萧索。然帝王与匹夫言语争胜，淫刑至此，大丧君德，故托之正学神魂所不忍见，则贻祸于亲戚朋友之过，自在其中，而成祖之过举亦自见，故结云‘却忆令威千载后，重归华表不胜情’。泽于当时，未有诗名，而情深词婉有如此。选者以其无高声大气，重绿浓红，目如不见也。”

魏诗本身，固然情深词婉，于明诗中，亦不失为上乘之作。帝王与匹夫言语争胜，或朱氏家风如此。吴乔之评魏诗，尤为警彻醒豁，言之有物，文字亦颇清峻，笔锋常带情感，以视今天流行的爱兜圈子的鉴赏文，高明多矣。

[1] 雪庵，指叶希贤，曾任御史。成祖夺位后，一说被杀，一说从建文流亡在外，削发为僧，号雪庵和尚。

景清及铁铉死难事

鲁迅《且介亭杂文·病后杂谈》之四中，曾说到明初建文诸臣被杀戮事："景清剥皮，铁铉油炸，他的两个女儿则发付教坊，叫她们做婊子。"剥皮及油炸事，见于谷应泰《明史纪事本末》，《鲁迅全集》中也已注明，谷氏不知根据什么？其事未必可信，恐还是欲著成祖的残暴而故作凶笔。如说成祖令舁大镬至殿陛下，纳油数斛熬之，投铉尸，油沸蹙溅起丈余，尸仍反背如故，使成祖大为惊诧云云，颇类小说家言。写景清死后，成祖梦见一段，尤为怪诞。如果是事实，成祖决不会对人说，别人怎么知道？《明史》本传皆谓景、铁被磔而死，磔即车裂，也便是分裂肢体，与凌迟同是一种酷刑。

景清被磔后，族亦被灭，《明史》云："籍其乡，转相攀染，谓之瓜蔓抄，村里为墟。"为什么要殃及乡里？似可从对高翔的处分上得其仿佛：高翔被杀后，他的家产先分给别人，然后又对受家产的人家加重收税，曰："令世世骂翔也。"对景清乡里的瓜蔓抄，可能也是这个意思。

景清、高翔都灭族。铁铉未灭族，但他的儿子充军到河池（今甘肃境）。铁铉被杀时只有三十七岁，那么，他的儿子不过十几岁。父亲已八十三，和老妻一同发放海南，比起景清、高翔等家族来，毕竟尚留一命。

还有铁铉等那些罪人的妻子和女儿又怎样呢？黄云眉《明史考证》卷一百四十一，有附录云：袁褧《奉天刑赏录》引《教坊录》："永乐十一年正月十一日，本司右韶舞邓诚等，于右顺门里口奏：有奸恶齐泰的姐，并两个外甥媳妇，又有黄子澄四个妇人，每一日一夜，二十条汉守着（即轮奸），年小的都怀身，节除夜生了个小龟子。又有个三岁的女儿，奉钦依由他，小的长到大，便是摇钱的树儿。又奏黄子澄的妻，生一个小厮，如今十岁也。又有史家，有铁铉家个小妮子，奉钦依都由他。"建文诸臣之殉难，在建文四年（1402年）壬午，上引教坊司之奏在永乐十一年（1413年），这些孩子，便是被奸污后所生。邓之诚《骨董琐记》卷六，也引《南京法司记》云："永乐二年十二月，教坊司题卓敬女杨奴、牛景妻刘氏，合无照依谢升妻韩氏例，送淇国公转营奸宿。"明初的教坊司，等于国营的妓院，她们却连做一个正式的妓女也没有资格。又从齐泰事件上，可见连姐妹都要进教坊，"两个外甥媳妇"，便是齐姐的媳妇了。

但此制并非始于成祖时，在他父亲洪武时就已实行，黄氏《考证》引云："洪武三十五年十二月二十四日，教坊司右韶舞安政等，于奉天门题奏：有毛大芳妻张氏年六十岁，病故。奉旨，着锦衣卫分付上元县抬去门外，着狗吃了，钦此。"按，太祖卒于洪武三十一年（1398年），"三十五年"疑为二十五年之误，这张氏当是洪武初期进教坊司的。

俞平伯《杂拌儿·记在清宫所见朱元璋的谕旨》中曾录两道，其第二道云洪武二十六年二月十九日锦衣卫百户郝进传奉圣旨：“蓝总兵通着军前卫指挥千户百户总旗小旗造反，凌迟了。着王那里差的当人同郝进去，将会宁侯并他的儿子都凌迟了，家人成丁的也废了，妇女与晋府配军。马匹多时，牵两三匹回来，其余的交在晋府。家产解来京城，来东胜马匹多。好生机密！着那里不要出号令。钦此。”

蓝总兵指蓝玉，为明初开国功臣，时封太子太傅、凉国公，事后攘袂扬言说：“吾故当为太师。”其人骄倨跋扈，但谋反非事实。谈迁《国榷》卷十即说：“蓝凉公非反也，虎将粗暴，不善为容，彼犹沾沾一太师，何有他望？”王指晋王朱棡，会宁侯指蓝党张温。当时因蓝玉案而被株连者达一万五千余人，如南海名士孙蕡，因替蓝玉题画，亦被杀，亦太祖晚年之一大狱。

人中最高最尊者莫如天子，但人性中的恶，也每每集中于天子身上。大臣之恶，毕竟还有王法和清议可以制止，天子则不受任何约束。以建文诸臣而论，从这边说是罪有应得，任何一个皇帝都不能容忍与他为敌的人；从那边说，也是求仁得仁，不怕杀头的。在宗法社会里，父母妻儿，为此而受到株连，原非从太祖、成祖开始，但如“转营奸宿”“二十条汉守着”，先由口奏，后经认可，“好生机密”，却又见于明文。据俞先生所记，此类谕旨，总名《太祖皇帝钦录》，为明代抄本，蓝面黄签，文皆楷书，有红圈断句。

这些进教坊的妇女，大部分为政治犯家属，就因为她们是女人，便成为宿命性的污辱对象，也真佩服当时君臣的勇气，“生了个小龟子”之类的话，居然会写得落手。

仁宗即位后，虽有赦宥她们为民之谕，但这时根本没有人去理睬她们，更不必说执行了，上面引文中的“都由他”，即是“由他去”的意思（任凭自生自灭）。《骨董琐记》又引《玉光剑气》云：“方正学冢在雨花台下，以双梅树为记，其女流发教坊，遂隶籍焉。年年登台望酬，追地入梅都尉家而酬绝。李道父为郎中，落其籍，嫁商人，汤若士复访其墓，购田祀之。有诗曰：宿草悲歌日欲斜，清明不哭为梅家。不知梅尉当年死（尧按，指驸马梅殷，后亦死于建文之难，故云），也似梅花近雨花。碧草谁将双树栽，为茔相近雨花台。心知不是琵琶女，寒食年年挂纸来。”李道父即李三才，汤若士即汤显祖，皆万历时人，他们见到的，当是方家女儿的后代，不知又隔了多少代，也说明对这些妇女落籍，一向是无人过问的。

历史上的况钟

况钟之名，本来连近代读书界中知道的也不多。“况”为僻姓，二十四史中入列传的仅况钟一人而已。自从《十五贯》演出后，顿时名满天下。

况钟起先只是幕僚，他之出任知府，主要由于机遇，当时是四十八岁，属于破格重用。嘉靖、隆庆以后，资格乃重科目。

有一点出于我们的意外，况太守以清廉著名，而《明实录》却是这样评论他：“钟有治剧才，故郡事虽繁，理之绰有余裕，惜其贪虐，犹有刀笔余习。”这话倒也并非完全诬枉，先举《明史》本传看：“初视事，群吏环立请判牒，钟佯不省，左右顾问，唯吏所欲行止。吏大喜，谓太守暗易欺。越三日，召诘之曰：‘前某事宜行，若止我；某事宜止，若强我行。若辈舞文久，罪当死！’立捶杀数人，尽斥属僚之贪虐庸懦者。一府大震，皆奉法。”这固然为了打击地方上积习的恶势力，也见其人之善用权术。查继佐《罪惟录》把况钟写得更加残忍：命衙役将一属吏抛到空中，却没有死，况钟大怒，斥责衙役说：“吾为百姓杀贼，鼠辈不为我尽力。高之必死，不死，若辈死于是。”于是一下子掷杀六人，将尸首陈列于大街。这也是为了立威，但已杂有霸气，近于汉之酷吏，被掷杀的未必罪至于死，疾恶不能流于草菅。清官之清，还在执法之平。查氏评云：“以吏起，必矫以见节，钟之志也。”这话也有道理，就是唯恐人家看不起他。海瑞称况钟为“胜作十年救时宰相”。海瑞也非甲科出身，两人性格中都有酷的一面。

包拯、海瑞、况钟，都是读书不多、学问不深，而况钟最差。杨穆《西墅杂记》，记况钟遇到考校士子，自己不亲自过问，只能委托幕僚，并当众说：“某本刀笔吏，所恨者不在科目，固不可罔人也。”这倒说得很老实。但奏疏都出他亲笔，有几处显得很可笑，如宣德六年二月奏云：“臣到任，因马老瘦不堪骑坐，有织染局内官来福借与旧轿一座，出入着令皂隶、库子抬轿，不曾用伕扛抬。”这无非表示自己的廉洁，但又何必向皇帝奏明，如果在清代，碰上高宗那样的皇帝，说不定看了还要受到训斥。

又如正统六年正月，吏部拟他合升正三品，他本应期满而离任，却为军民保留而还任，可是只升职而无实授职俸，“深恐官属民人等将以为臣贪恋旧职，无异常流，见轻玩法，实难管事”，因而请求“与臣实授职俸，前去署掌府事”。但如实授了职俸，同样可以被人看作“贪恋旧职”，反过来说，如能安于升职而不升俸，岂非更能显示他的清廉吗？

这里还可举出一件有趣的故事。

《况太守集》中载有宣德九年七月初六日谕旨云：“敕苏州知府况钟：比者令内官安儿、吉祥采取促织，今他所进数少，又多有细小不堪的，已敕他末后一运。自来时要一千个，敕到，尔可用心协同他干办，不要误了。故敕。”此敕当是宣宗亲自所作，时年三十七，也即他逝世前一年。七月间正是蟋蟀的旺季，要捉的蟋蟀多至一千只，篱落黄昏，要出动多少人才能达到钦定的数额。宣宗之爱玩蟋蟀是出名的，沈德符《万历野获编》亦记宣宗下密诏要况钟捉蟋蟀事，一时遂有“促织瞿瞿叫，宣德皇帝要”之语，后来宣德蟋蟀盆的身价，就不减于宣和盆。《聊斋志异》的《促织》篇，亦记宣德时向民间征蟋蟀，里胥借此扰民事。由于奉旨捉虫，威猛如况太守，也只好听之任之了。

舞台上的《十五贯》不妨常常演出，现实中的《十五贯》不要重演了。历史上的况钟，由刀笔吏而升为郡守，正如梁章钜题况公祠楹联所说：“姓氏播弦歌，韦白以来成别调；功名起刀笔，萧曹自古是奇才。”《十五贯》中所表现的实仍含刀笔吏的本色，到了今天，也可作为掌故人物看待了。

大臣去留之是非

明孝宗朱祐樘，享国虽仅十八年，而世称贤君，曾自谓“吾不自治，谁能治吾”，常称阁臣为“诸先生”，故君臣之间，亲如肺腑。谷应泰《明史纪事本末》，特列“弘治君臣”一章。当时大学士刘健、谢迁、李东阳同心辅政，知无不言，时人有“李公谋，刘公断，谢公尤侃侃”语，天下称贤相。

孝宗病危时，晨召三人付以身后之事，并执刘健之手，以“东宫（即武宗）年幼，好逸乐，先生辈善辅之”相托，健等皆泣下。

孝宗逝世，武宗即位，改元正德，三人同为顾命大臣。刘瑾入司礼监，三人即辞位，刘瑾矫诏勒刘健、谢迁致仕，而东阳独留。东阳耻之，乃上言曰：“臣等三人，责任一同，而独留臣，将何辞以谢天下。”不许。

明代是官僚政权的烂熟时期，太监也是一个阉割了的官僚集团，并且渗透到宫闱内部，与士大夫的官僚集团常相敌对，而太监集团中又有士大夫，史称阉党，如刘瑾时的焦芳等，所以士大夫集团和太监斗争时，往往处于劣势。

《明史·李东阳传》云：“初，健、迁持议欲诛瑾，词甚厉，惟东阳少（稍）缓，故独留。健、迁濒行，东阳祖饯泣下，健正色曰：何泣为？使当日力争，与我辈同去矣。东阳默然。”因而为士林所薄，有狂生献诗曰：“才名空与斗山齐，伴食中书日已西。回首湘江（东阳长沙茶陵人）春水绿，子规啼罢鹧鸪啼。”门生罗玘，甚至复书请削门生籍，东阳皆默受之。谈迁《国榷》卷五十引周圣谟曰：“果如所见，是使朝廷之上有小人便无君子，成何世界？”

《明史》仅云“惟东阳少缓”，李梦阳《秘录》则谓：“闻阁议时，健尝椎案哭，谢亦亹亹訾訾罔休，独李未开口，得恳留云。”这与《明史》所记无大歧异，或许《明史》是参照《秘录》的。但与东阳同时期人陈弘（洪）谟的《继世纪闻》卷一却说：“瑾素与李阁老有旧，重其诗文，密以韩文等所劾，询之东阳，得其大略，瑾等惊觉，遂趋至御前俯伏哀号。”又云：“瑾于朝阳门外创造玄真观，东阳为制碑文，极其称颂。”这就不止“语少缓”问题，《明史》这样记载，于东阳则为恕辞了。

后来刘瑾乱政，焦芳助虐，东阳奔走弥缝，多所补救，待毙的得以全生。如正德三年六月，有遗匿名书于御道指数刘瑾罪恶的，诏召百官跪于奉天门外，接着，就下三百余人于诏狱。次日，东阳即力救之。刘健、谢迁、刘大夏、杨一清等几得危祸，又赖东阳而解救。次年，刘健、谢迁已被削籍，但刘瑾还是怀恨，欲借故抄谢迁之家，亦赖东阳调护。

天夺其魄，刘瑾伏诛，东阳在《答乔希大书》中说：“走处身无状，不能勇决必退，以逃贪冒之讥。夙昔初衷，中间事势，皆希大所深信而洞烛者，无容喋喋……顾外招物议，内咈人情，公私之间，两无所据，实由识计疏浅，处置乖方，即此一事，敬闻过矣。”又在第二书中说：“若今道路谤责之言，洋洋盈耳，仆曷尝置一喙于其间哉？顾进退之迹，无以自明。”牢骚与自疚兼而有之，亦可见其当日委屈调停的难言苦衷，只是牢骚多于自疚，本文末段就谈到谈迁对他的批评。

东阳工书法，家居后请他撰诗文书篆者颇多，亦欲以此给朝夕。一日，夫人方进纸墨，东阳有倦色，夫人笑曰：“今日设客，可使案无鱼菜耶。”于是欣然命笔。他逝世后，京中西郊住宅即被卖。《国榷》引耿定向曰：“公仕宦五十余年，柄国且十有八年，郑简端公（郑晓）谓公卒之日，不能治丧，门人故吏醵金钱赙之，乃克葬。又谓尝过其门，萧然四壁，不足当分宜（指严嵩）辈一宴之费云。”故《明史》称其“立朝五十年，清节不渝”，风操可以励世。

查继佐《罪惟录》记东阳为刘瑾父草封都督诰云：“积善以贻子孙，尝闻其语；扬名以显父母，今见其人。”又云：“号令风行于天下，威名雷动乎八方。”查氏评曰：“或以颇比瑾，不知此谐讽也，正以彰瑾之擅，挽回尽大，有机用焉。”未免过情之誉。东阳草拟的是诰词，其时刘瑾淫威正盛，东阳怎敢“谐讽”？即使刘瑾被蒙住，焦芳辈还是识货的，东阳的性格也不允许他这样做。东阳明明是在说浑话。

夏燮《明通鉴》卷四十一《考异》云：“至于东阳之留，人亦幸其留，则似后修《实录》之曲笔也。今不取。”这也对，因为话又说得过了头，仿佛东阳之留，如文章之有伏笔，已为日后刘瑾造孽时留下缓解地步了。

任何朝代，都不可能出现清一色局面：或者全是君子，或者全是小人；小人当权时，也需要君子支撑门户，只要不是死敌。大学士王鏊坚意乞休时，刘瑾就挽留他，还说过“王先生何苦如此”的话。

李东阳位居宰辅，又爱风雅，名足副实，领袖群伦。刘瑾东宫旧奴，祖制所许。东阳身处横逆之间，周旋泾渭之途，时人及后人对他有赞誉，有责难，有恕辞，也有持平之论。对这样一位举足轻重的大臣，物论不尽一致，也是很自然事情。《国榷》编著者谈迁，是明末遗老，立论公允，时有创见。他记八阉窘于公议，将择窟自避时，大臣们如能自披肝胆，坚除腐恶，后来的政局何至坏到这地步，“君子所以不能无罪于长沙（指东阳）辈也”。这是《春秋》责备贤者，即以君子而责君子。他对刘健、谢迁之去，东阳之留，认为彼此未为失策，“今或厚奖刘、谢而訾长沙之腼颜，不亦苛乎”。

《国榷》卷四十八，记正德五年南京监察御史张芹，劾“李东阳受先帝之托，使瑾得荼毒天下，就使能倡始诛瑾（按，刘瑾是杨一清用以阉攻阉之计剪灭的），仅可赎罪，今攘他人之力为己功冒赏，何善为身谋如此也”。李东阳之误，在于刘、谢议诛刘瑾时，他却不作声，后来刘瑾荼毒天下，实非他个人所能为力。谈迁曰：“瑾横时，茶陵虽事解救，仅毫剂丝补，于大端溃决而莫之挽也。其自辨曰……此在他人代为茶陵解则可，如出于茶陵，岂大臣体国之义耶。门人罗玘上书切规，良有以也。”此论极精辟，但东阳在刘瑾荼毒时所能为力的，确也只是“毫剂丝补”。封建时代一些大端之溃决，古人也有归之于气数的，语虽荒谬，实也无可奈何之词。《明史》赞语云：“李东阳以依违蒙垢，然善类赖以扶持，所全不少。

大臣同国休戚，非可以决去为高，远蹈为洁，顾其志何如耳。”又云：“王鏊、刘忠持正不阿，奉身早退，此诚明去就之节，乌能委蛇俯仰以为容悦哉。”两段话因人而施，未可偏废，对李东阳的功过，还是说得中肯的、得体的，如其中评李东阳“依违”，也是事实。

阉党焦芳

阉人自古就有，阉党之入史列传，则始于明之正德朝，终于天启朝。

顾名思义，既称阉党，其成员应该都是阉人，如东林党的成员都是士人。阉党却不然，成员不仅是士大夫，大部分人还是出身于进士。权阉大珰，需要他们舞文划策，排挤忠良，通过士大夫来打击士大夫；他们需要阉人汲引朋比，由此位列公卿。有的人对阉人未始不鄙薄轻视，只因阉人口衔天宪，功名利禄，往往凭他们一言而致得失，只好向阉门折腰了。

明代阉党的著名人士，前为正德朝刘瑾弄权时的焦芳、张綵，后为天启朝魏忠贤弄权时的顾秉谦、崔呈秀。正德和天启即位时，都只有十五六岁，生于深宫之中，正是爱玩的年龄，这两人也是中国历史上最糟糕的少年天子。刘瑾为东宫旧奴，忠贤因客氏而早与幼主相识，所以，都可以将皇帝玩于股掌之上。朝散之后，宫门紧闭，日长无事，皇帝能够亲近的只有一些太监了。

《明史》阉党传占一卷，倒是可以写成专史，从其中可看到当时政治上、人事上、文化上许多特色。阉党传之前有小引云：“明代阉宦之祸酷矣，然非诸党人附丽之，羽翼之，张其势而助之攻，虐焰不若是其烈也。中叶以前，士大夫知重名节，虽以王振、汪直之横，党与未盛。至刘瑾窃权，焦芳以阁臣首与之比，于是列卿争先献媚，而司礼之权居内阁上……庄烈帝之定逆案也，以其事付大学士韩等，因慨然太息曰：‘忠贤不过一人耳，外廷诸臣附之，遂至于此，其罪何可胜诛。’痛乎哉，患得患失之鄙夫，其流毒诚无所穷极也。”上面被点名的为焦芳，列于阉党传第一名的也是他。

《明史·宰辅年表》一：正德元年，焦芳加太子太保武英殿大学士，二年，晋少傅兼太子太傅谨身殿大学士，四年，晋少师兼太子太师华盖殿大学士。四年之间，已历“三太”。三公之职，本为“论道经邦，燮理阴阳”。焦芳无德无能，就因依附刘瑾。

他是河南泌阳人，天顺进士，由编修而进侍讲。当选学士时，有人向大学士万安说：“不学如芳，亦学士乎？”焦芳闻而大怒说：“是必彭华间我也。我不学士，且刺华长安道中。”彭华吓坏了，连忙告诉万安，乃进焦芳为侍讲学士（按，万安与彭华亦非正人）。

焦芳没有才学，却工于心计。户部尚书韩文曾言当前财政不足，廷议则谓理财别无奇术，唯有劝皇上节俭。廷议为什么这样说？当然因为正德会挥霍。焦芳知道旁边必有窃听的人，故意高声说：“庶民家尚须用度，况县官（指皇帝）耶？谚云：‘无钱检故纸。’今天下逋租匿税何限，不是检索，而但云损上何也？”听者告诉正德，正德自然大为高兴，这时恰值吏部尚书马文升去职，遂擢焦芳继任（原为侍郎）。

户部尚书韩文，鉴于“八虎”横行，正德荒唐，将率九卿劾刘瑾。六部奏事，例由吏部为首，便告知焦芳。焦芳暗中向刘瑾泄露，刘瑾遂将韩文、刘健、谢迁等逐出朝廷。《明史》云：“而芳以本官（吏部尚书）兼文渊阁大学士，入阁辅政。”但据陈弘谟《继世纪闻》卷一，与事实不甚相符：焦芳入阁后仍欲兼部事，刘瑾几次派人向首辅李东阳去说，东阳告以无此例，“内阁佐天子出令，吏部所拟升调官间有可否，今自拟议之而自可否之耶？又每日通政司奏事，奉旨吏部知道者，即当廷跪承旨，内阁班皆立听，今亦将出跪而更起立耶？又部事差缪，或章奏错误，小则回话认罪，大则罚俸，脱有之，亦将随同认罪乎？芳乃辞部事”。谷应泰《明史纪事本末·刘瑾用事》，先书冬十月，“以吏部尚书焦芳兼文渊阁大学士，入阁办事”，后又书“十二月，吏部尚书许进奏南京科道皆要职”云云，未明书焦芳辞职而许进继任，人家还以为两月之间，吏部竟有两个尚书。

但由此也可看到刘、焦之间勾结之深。芳每与瑾交谈，必称千岁，自称为门下。在内阁时批阅章奏，完全依从刘瑾之意。阉人虽不能入阁，焦芳却成为刘瑾的内阁影子。各地向刘瑾行贿，亦必先赂焦芳。

刘瑾是奴才而不是秀才，但他职司司礼监，可以批阅章奏，也是一种很古怪的制度。批答的章奏自然很粗鄙，便由焦芳润色，也是焦芳用武之地，可怜的阁老李东阳只是俯首低头而已。虽然如此，焦芳还是对东阳嫉妒，因为位在焦芳之上，便常向刘瑾进谗。后来东阳奉命编纂的《通鉴纂要》完成，刘瑾就叫人去捉叉头。《通鉴》没有什么可挑剔的，就在文字的笔画上摘小疵，除了处分几个誊录官员外，还想牵连李东阳，东阳大窘，只得向焦芳和张綵求情，要他们从中缓解，这两人其实是给奴才做奴才的奴才。后人对李东阳这段日子的处境，有体谅他委曲求全、保护善类的，有讥讽他贪恋禄位、委蛇去就的，比起刘健、谢迁来，也确有愧色，所以在饯别刘、谢时，他为此而涕泣。

兵部尚书刘大夏，为孝宗旧臣，又为刘瑾所恶。阉党刘宇亦恨大夏，遂与焦芳谮于刘瑾曰："籍大夏家，可当边费十二三年。"后借口田州岑猛事件，将大夏因于诏狱。刘瑾欲坐以"激变"罪而处死刑，都御史屠滽不赞成，刘瑾就骂他"老畜生"，并说："即不死，可无戍耶？"李东阳婉为大夏缓解，刘瑾也知道大夏家实清寒，去收捕他时，他还在园中锄菜。于是初拟充军广西，焦芳接上来说："是送若归也"（大夏原籍湖南华容），因而改为肃州。用不着再说什么，阉党之恶已可概见。

阉党本是以利相合，所以内部的倾轧妒忌也很厉害。后来焦芳与张綵有嫌隙，刘瑾却信任张綵，当众斥责焦芳父子，这对焦芳真的成为千钧棒了，只得乞归回乡。焦太师并无先见之明，并非已感到刘瑾是一座冰山，然而这次乞归，正好是他运气。

正德五年（1510年）四月，安化王朱寘反，檄文中声数刘瑾之罪。五月，命太监张永总督军务，都御史杨一清为提督，率兵讨之。不久，寘就擒。在行军中，杨一清曾为张永划策，要他诛刘瑾。永还京，遂将刘瑾逮捕，磔于市；张瘐毙狱中，仍锉尸于市。焦芳只是削官，其子黄中（原任翰林编修）逃跑了。

刘瑾的从孙二汉被斩时，说了很有意思的话："吾死固当，第吾家所为，皆焦芳与张綵耳。今与我处极刑（按，当时实尚在狱中），而芳独晏然，岂非冤哉。”《明史》说“芳父子竟良死”，也是带有不平之意。

刘瑾是犯众怒的人，但要使这样一个巨无霸伏法，最后却是杨一清用以阉攻阉之计，说服张永之故。张永又为什么能被说服？《明通鉴》卷四三引“御批”曰：“刘瑾罪恶贯盈，擢发难数，固神人所共愤，然张永本其党与，即稍有猜嫌，亦未必遽肯自伤同类。杨一清乘机怂恿，而永尚怀疑虑，知非复可以大义相规，因以‘瑾诛公益柄用’一语中其所欲，遂慨然直任不辞。一清盖能洞见小人腑鬲，而谲以行其正者。”所以，《明史》称一清以才略智数而锄奸定难，因以成功。

但杨一清此举，实亦具有冒险性。因为刘瑾的大罪名是谋反，正德是不是相信（实际上，阉人还反什么？难道想在京城即帝位）？谷应泰《明史纪事本末·刘瑾用事》有两句很巧妙的话：“言于寘镭倡乱之后者，信而有征，言于狗马娱心之日者，迷而难悟。”这是针对正德说的，但当张永向正德奏刘瑾不法事时，正德正在醉中，就低头说一声“瑾负我”。

查继佐《罪惟录·奸壬列传》评焦芳云：“焦与尹（旻）才不能为恶，徒为逆瑾颐使。而恶之肆及，遂称殊授，百刘（健）谢（迁）无才矣。”这也说得对。焦芳等之才，本来连作恶也够不上的，但受到刘瑾的嗾使，成为阉党后，推波助澜，如同经过特殊的训练，千百个正人也变成无才了。虽然，刘瑾没有焦芳等，也不会闹得鬼哭狼嚎的。

中国的历史实在悠久丰富，即使是记阉人阉党，也会使人读到许多东西。

瘗旅文

正德四年，兵部主事王守仁，被巨阉刘瑾陷害，被流放到贵州当了龙场驿驿丞。秋天，说是有个吏目从京师来，带了一子一仆，投宿在当地苗民家中；王守仁从篱落间望过去，想问问他所关心的京师事情，由于阴雨昏黑，未能如愿。

第二天早晨，派人去探望，已经走了。他和吏目的篱落因缘，原可从此结束。

不想靠近中午，有人从蜈蚣坡来，说："一老人死坡下，旁两人哭之哀。"王守仁听到后便说："此必吏目死矣，伤哉！"这个吏目早晨才走，不到半天，就死在荒僻的异地了。

傍晚，又有人来，说："坡下死去二人，旁一人坐叹。"那是老人的儿子。到了第二天，又有人来，说："见坡下积三尸焉。"那当然是仆人了。两天之内，三命俱丧，鬼伯催人，何苦如此酷急。王守仁想到暴骨无主，便命二童子拿畚箕和铁锹去埋葬。这是最简陋也最凄凉的葬法了。二童子面有难色。王守仁说了这样一句话：

"噫！吾与尔犹彼也。"这话已经不是为怜悯死者而说。二童子被他感动得流泪，便奉命而往，就在山脚下掘了个洞，又以鸡一只、饭三盂相祭。死者有灵，一定会感到意外，却是无从报答了。

三个死者的尸骸算是得到落实了，可是活着的王守仁的心事却未了结，便在《瘗旅文》中自报姓名与身份："吾龙场驿丞王守仁也。"接下来说：你又是什么地方的人，为什么要为鬼于此山？我为了得罪，流放到这里是应该的，你又何罪呢？听说你只是一个吏目，俸禄不过五斗，尽可带领妻子耕种度日，为什么以五斗而易七尺之躯？这还不够，又加上你的儿子和仆人。"皆尔自取，谓之何哉！"

王守仁在京师上疏时，会得到什么样的下场，他是估计到的。到了贵州这样瘴烟弥漫的地方，政治上、生活上会受到什么样的遭遇，也是估计到的。他到任后，思州知州就派人去凌辱他。但两天里面连丧三命的悲剧，却带有极大的偶然性。而且由他身经目击，直到最后，还是不知道这三个逝者的姓名，只知老人是吏目，也就是同为官场中人，这就不能不引起他感情的波澜，命运上的敏感。他也许在后悔：早知如此，就该冒雨一见。

"吾与尔犹彼也"，这种兔死狐伤式的联想，恐也不止王守仁一人。当时到穷山恶水的龙场一带，非流放即谋生，可是为什么要到这样地方来谋生，不能在乡下种田活命吗？他忍不住责备死者了："皆尔自取。"阳明先生真的这样忍心吗？恐怕还是夫子自道。清林云铭在《古文析义》中说："掩骼埋胔，原是仁人之事，然其情未必悲哀若此。此因有同病相怜之意，未知将来自己必归中土与否，触景生情。虽悲吏目，却是自悲也。"祭文原不是写给死人看的。王守仁在此文中要发泄的情绪，原是积蓄已久了。

正德五年冬，他又至京师入觐，因为刘瑾已于八月间枭首西市。九泉可作，吏目一定会高兴庆祝，当初如没有这位沦落天涯的龙场驿丞，这三人就将成为骷髅而任人挪弄了。

王守仁一生的文治武功，可称述的很多，这一瘗旅义举也是值得大书的。

海瑞二三事

海瑞出身举人，四岁丧父，慈竹当风，母子相依，最痛恨阿谀奉承，曾说“今之医国者只一味甘草，处世者只两字乡愿”。王世贞说他“不怕死，不爱钱，不立党”，此九字足以概括海公生平。海瑞自己在《督抚条约》中说：“今人往往谓诈高者位亦高，世情不宜于真宜于假，不知假终不能假，真终归于真。”前两句正是当时的实况转录，世情有时也逼得人只好做假人。但海瑞读书不多，学问不深，才情不足。他的文章，有的地方就读不懂。

嘉靖四十四年十月，海瑞年五十三，以敢死队精神而上《治安疏》，由此而直声震天下。疏文中揭举的嘉靖帝的种种过失，都是事实，而措辞和口气，简直像严父之责劣子。李贽在《海忠介公传》中就说：“其言皆敌以下所不能堪者。”有趣的是，当时刑部就想坐他以“子骂父”律，杨继盛、杨涟就因“子骂父”的罪名而被杀的。

对待这样的疏文，做皇帝的不外两种态度：一是虚心接受，一是将上疏者杀头或坐牢，绝不只是罢官。对前者，在明之诸帝中，绝对办不到的，嘉靖更以苛察猜忌、易动肝火出名，因而先移刑部欲以死刑论处，后暂留一命，关在狱中。屈大均《广东新语·人语》说："世庙寻召黄中贵问状，对曰：'是人方欲以一死成名，杀之，正所甘心，不如囚之，使自毙。'世庙是其言，囚之三年，得不死。"此说不知是否可靠。海瑞被囚，不过十月光景，也非三年。

海瑞之上此疏，原是存心送命的，不想这一年十二月，嘉靖死了，海瑞因而出狱复官，等于以嘉靖一条命保了海瑞一条命。

对海瑞的政治品质，历代都给予极高的评价。但其人生平，后人也不无议论，如主观偏激，不近人情，看到土地兼并之风，便想回复到渺渺茫茫的井田时代，以为只要实行井田，便能长保太平。明初的方孝孺，也是醉心于井田制的。

何良俊《四友斋丛说》卷十三云："海刚峰第一不知体。既做巡抚，钱粮是其职业。岂有到任之后，不问丈田均粮，不清查粮里侵收，却去管闲事。"这话也有道理，如他在《督抚条约》中，对各官参见时的手本[1]所用草纸，也要规定得清清楚楚："前后不着壳，后不留余纸。别事具手本亦然。凡册用稍坚可耐久而价廉纸，不许如前用高价厚纸。申文纸亦然。"巡历所在县驿，"止用本地方所出稍软厚草席"。为了改革文书过繁，"说话一句而尽者止用一句，二三句而尽者用二三句，当用片纸者用片纸，当用长纸者用长纸，止使事情不遗便是"。可是他拟的《督抚条约》，如上所引，就烦琐细碎极了，长达一万言，实则只要三四千字就可以包括。这条约当是他自己拟的，看了只会令人发笑，也表现了他的性格。

[1] 手本，下属见上司时的名帖，以棉纸六页折成，外加底壳。

由于迂戆，说话往往没有分寸。周晖《金陵琐事》卷一云：“海刚峰巡抚应天时，矫激之过，令人不堪。言官劾之，刚峰疏辩有举朝柔懦皆妇人之语。李石麓朝回，值扬州贡士曾同笔砚者来访，石麓曰：‘适见海刚峰疏中谓举朝皆妇人，我非一老妇乎？惶恐惶恐。’贡士曰：‘只此惶恐，尚有丈夫气。’石麓默然者久之。”海瑞巡抚应天在出狱后的隆庆三年，石麓即李春芳，时任首辅，他听了怎会高兴？而且说的是“举朝”，也太使廷臣难堪。

海瑞也是道学家，连居室之间，也颇有戒心，曾说：“于此不谨，性命之理即为之壅阏而不流，君子造端之道谓何？”所以他家男女仆役，至老死也不穿户往来；他还订过《禁妇女买卖行为约》，只有男人可以往来亲友家，可以上街市行走买卖，“妇女止做门内工，不外出”，并劝告亲友遵守。对妇女的歧视，本不止海瑞一人，但这与他性格的偏激迂执也有关系，稍后的李卓吾就要开明得多。

海瑞出告示时的职衔全称为“钦差总理粮储提督军务兼巡抚应天等处地方都察院右佥都御史海为巡抚地方事，照得本院谬膺简命，督抚南畿”。明之巡抚，原指一种行为，也就是定时性的差使，故得称钦差，其本职为右佥都御史，故下称“本院”（都察院才是他的编制所在衙门），与清巡抚之为封疆大吏者不同。

童心与帝业

旧时民间的训蒙读物，如《三字经》《千字文》《幼学琼林》之类，我们已经看过了，现在还在流传着。但皇家的训蒙读物，又是怎样的呢？

明代对皇帝的导读，分经筵和日讲两门。但并非只限小皇帝，太祖、成祖以来就在举行。经筵每月只有初二、十二、廿二三次，这自然不足以充实皇帝的学问，于是而有日讲。

张居正为任怨的名相，震主之权臣。明代以大臣而实拜三公者，居正一人而已。穆宗逝世，神宗嗣位，在张居正主持下，命文臣编写了两本教材，一为《通鉴直解》，一为《历代帝鉴图说》。这时神宗才十岁，这就需要掌握两个特点，一是编写给十岁小孩子看的，与成人有别；而这个小孩子正是君临天下的共主，与普通儿童又不同。就前者说，居正做的是小学教师的工作；就后者说，则具有帝师之尊。他还替神宗拟了一份课程表，其中包括作息时间。

《历代帝鉴图说》共二册，当为宫官绘写，其书恐无刻本。

但据《神宗实录》所记，间有与《通鉴直解》重复处，如说：“天下之患，每有出于所防之外者。秦末年，只因几个戍卒倡乱，斩木为兵，揭竿为旗，于是豪杰并起，遂以亡秦。所以说，天时不如地利，地利不如人和，唯圣明留意。”《通鉴直解》也说：“秦之销兵，本为止乱，然以斩木揭竿之人，遂能乱天下而不可制，可见保邦之道，安民为本。”这是两书相同处，但细柳劳军等故事，却未见于《通鉴直解》。

《通鉴直解》共二十八卷，除司马光《资治通鉴》外，还补充了刘恕的《通鉴外纪》和薛应旂的《宋元通鉴》，故时代上起三皇五帝，下至宋元，元以后就大书曰：“大明一统万万世矣！”（但宋元部分较草率，与以前的不同）

此书已由上海古籍出版社出版，改名《张居正讲评资治通鉴》。居正进此书时，对象固为十岁的小皇帝，但到现在，即使用功的高中生阅读，恐也觉得吃力，因而又由陈生玺等作了注释和语译。

全书选录的内容，绝大部分带有故事性，以历代皇帝为纲。先录正文，次为《直解》。《直解》的文字用浅近的文言，间亦用“的”“了”等字，以及宋元时口语，如“百姓们”作“百姓每”。《直解》的开头是对语词、名物的简释，然后是讲本事，最后归结为对皇帝修身治国的借鉴与惩戒，使小皇帝从其中明辨是非，识别忠奸。《直解》中的论点，大都平稳通达、已有定论的，也因为是给小皇帝看的；就像我们为小朋友编写教材，只能循着大路走，不能怎样出奇制胜。张居正是主张独断的，这与他的性格相符合，他论唐宪宗时雪夜破蔡之役，就说：“而不知宪宗之独断乃大将之所以成功也。”他在《陈六事疏》中，竭力推崇秦始皇，但在《通鉴直解》中却说：

“始皇以诈力并六国，天下之人方且敢怒而不敢言。”这并不矛盾，因为《陈六事疏》只是他个人的政见，《直解》则是集体性的作品，总得与其他大臣取得共识，而且对小皇帝大谈秦始皇的英明，也是很麻烦的事情。《直解》全书，估计出于居正之手的不多，他的主要精力，还在最后的审读修订，以及进讲时的疏导上。

温公的《通鉴》是帝魏的，也是对的，《直解》却是帝蜀，于《东汉纪》后又立《后汉纪》，纪主则为昭烈帝，对刘禅，不称后主而称后帝（对陈叔宝则仍称后主），并以曹操、孙权为“乘时窃据”。其中论刘备与关羽、张飞的情谊云：“先主少时与河东解县人关羽、涿郡人张飞相好，结拜为兄弟……先主与这两人情意绸缪，就是睡卧时也不相离，同在一个床榻上，其恩爱如至亲兄弟一般。他二人也一心尽忠于先主，却不以兄弟结义之情，失了上下相临之礼，平居虽是这等忘形相爱，若是公庭聚会，在稠人广众之中，便终日侍立在旁，不少怠倦……今世俗相传桃园结义，即此是也。”对关羽，尤为赞扬，为他另立一节：“俗说关公千里独行，便是这件事……此所以忠义贯于古今，精灵充于宇宙，而后世有叛君事仇，自托于去就之智者，视此可以深愧矣。”实际已把关羽神化了。正史中只说“先主与二人寝则同床，恩若兄弟”，并无结拜事。明代曾有《弘治本三国志通俗演义》，这时自已流传甚广，连士大夫都在看，小皇帝看了，一定感兴趣，这也见得平话小说影响的深远。

还可以举一个有趣的例子。

后唐《明宗纪》云：“崔协、孔循、郑珏、李琪、任圜、安重诲是个人。”我起先感到很奇怪，崔协、孔循等当然是个人，小皇帝难道不知道？为什么对刘、关、张等没有加上这三个字，在这一节里忽然要加上？但看到下面，才知道这三字并非虚加："……圜对道：'明公择相，不用李琪，而用崔协，这就是弃撤苏合丸之贵重有益于养生，而取蜣螂所弄之丸也。'蜣螂，秽虫，在桑树下，把人矢弄成丸，如弹子光润圆转，人力不及。丸成，脱壳成蝉飞去。此蝉脱，医家用之，此以贵重之药，譬喻李琪，有益于天下国家。"因为下面有蜣螂、蝉的譬喻，生怕小皇帝把人当作虫，故而开宗明义就说"是个人"，这固然见得文臣用心之周到，但我由此又想到更复杂的问题。

讲官进讲时，神宗必有询问，讲官也希望能提出来，才见得求学的认真。《直解》中一再提到"清心寡欲"，这欲主要指色欲之欲（张居正本人，倒是死于纵欲），反复强调，原没有错，但如果十岁的小皇帝问道：什么叫清心寡欲？清心尚可回答，寡欲就很难讲得妥帖。又如说"此时中宗为皇太子，不得进见，只有两个嬖臣叫作张易之、张昌宗朝夕在里面用事"。二张之于武后，不同于一般的宠臣，写成嬖臣，原没有错，讲得明白，却不容易。这类例子，举不胜举。皇帝如已成人，原可明言，现在却是十岁或十一二岁的儿童，身份又是皇帝，进讲时就要煞费苦心了。

张居正进讲在文华殿后面，内搭一小帐篷，君臣之间，造膝密语。逢到盛暑，居正进内站立时，神宗即命太监打扇，隆冬则铺毡片于地上，阴雨天暂停。神宗写给居正的信札，称为"元辅张少师先生"。

但居正所以能得到这样的恩荣，主要是走内线的缘故。

神宗的嫡母为陈太后，生母为李太后（本为贵妃）。穆宗病重时，张居正曾与太监冯保相结纳，引为内助，形成张冯联盟。神宗即位后，冯保为了讨好李太后，暗示居正用两宫并尊之礼，对李太后也加上尊号，于是便称陈太后为仁圣皇太后，李太后为慈圣皇太后，两宫遂无分别（晚清慈安、慈禧之号，即援用万历朝故事），李太后因而也更信重居正。

王闿运挽曾国藩联，有“平生以霍子孟张叔大自居”语，这是指三人共辅幼主而言。居正对霍光亦颇推崇，在《直解》中曾说：“故武帝之后，汉之所以不亡者，大抵霍光辅佐之力也。”又说麒麟阁上画像，所以只写“大司马大将军博陆侯姓霍氏”而不名，也因霍光“辅佐三朝，功德茂著”的缘故。然而他哪里料到，他自己身死之后，家庭遭受的惨祸，比霍氏也好不了多少。班固评霍光即有“功高震主”语，这且留待后面再说，这里还是说本题。

《直解》实是讲义，也全是载道的，单看《直解》本文，小皇帝未必懂得。《明会要》卷十四云：正德“二年三月，上御经筵，詹事杨廷和，学士刘忠直（值）讲。讲毕，因致规谏语。上退，语刘瑾曰：‘经筵讲书耳，何添出许多话来！’瑾曰：‘二人可令南京去。’于是并迁南侍郎”。武宗原是个花花公子，何况还有刘瑾那样的太监在旁边。但也说明，讲官是要借题发挥，“添出许多话来”的。

神宗从小聪明，颇为张居正称道，李太后督责尤严；她本应居住慈宁宫，为了便于监护神宗，张居正就请她迁居乾清宫，五更就叫醒神宗起床，逢到神宗不读书，就令他长跪。神宗上完讲筵回宫，太后便要他像讲官那样复述一遍。

据《神宗实录》，万历四年三月，张居正进讲唐玄宗于勤政楼设宴及宠安禄山事，神宗说：“楼名甚佳，乃不于此勤理政事，而佚乐宴饮何也。”十月，居正讲宋仁宗不喜珠饰事，神宗说：“国之所宝，在于贤臣，珠玉之类，宝之何益。”又说：“宫中妇人，只好妆饰，朕于岁时赐赏，每每节省，宫人皆以为言，朕云今库中所积几何！”居正顿首说：“皇上之言及此，社稷生灵之福也。”

这写的虽是进《帝鉴图说》时事，却说明大臣进讲时，君臣是有对话的；进《通鉴直解》时，想必也是这样。这时神宗为十三岁，已可见其对功课的接受水平与理解能力，而这与张居正的辅导自有密切关系。

然而正由于与神宗关系的密切，却也带来了灾难性的后果。

小皇帝初即位时只有十岁，冯保早晚都侍候着他，有时还需要用力拥抱。因为是儿童，难免与冯保争吵，冯保便去告诉李太后，太后就训责小皇帝：“使张先生闻，奈何！”小皇帝因而害怕张先生，小小心灵上已感到一种压力。

神宗在讲筵时，读《论语》“色勃如也”，将“勃”字误读成“背”字，“居正忽从旁厉声曰：‘当作勃字。’上悚然而惊，同列皆失色。上由此惮之。及居正卒后蒙祸，时比之霍氏之骖乘”。此事见于谷应泰的《明史纪事本末》，谷氏对张居正的批评十分严厉，几乎一无是处。霍氏骖乘（副车），指汉宣帝初立，谒见高庙，霍光以骖乘相从，宣帝内心感到恐惧，“若有芒刺在背”。

上面举的两个故事，都在神宗的儿童时代，但在儿童心理上已有不良的影响，到神宗长大后，加上其他的因素，当然会对张居正形成敌对心理，如宣帝之芒刺在背。

等到居正一死，于是削爵、抄家、审问家族等惩罚接踵而来。荆州知府将张家的大门封闭后，子女都逃避到空房间中，等到门开时，饿死的就有十几个。居正的长子敬修，起先因受不了刑讯而诬服，后来便自杀了。

记得前人曾经说过：张居正当国时，没有一个人敢说他的过错；身死之后，家门丧败，这时候，没有一个人敢说他的功劳。

张居正的身后

张居正为任怨的名相，震主之权臣。明代大臣实授三公者，居正一人而已。可是他生前身后遭遇的大起大落，荣辱相歧，也是晚明大臣中少见的。

万历十年，他五十八岁，因苍彗出于西方，便上疏请求罢免他的三公之职，以应天变；神宗没有答应，“仍准给假调理”，还说过“先生大功，朕无可酬，只是看顾先生的子孙便了”的话。

到了六月二十日，张居正终于死了，神宗下诏罢朝数日，这时神宗为二十岁。

次年三月，即下诏夺居正上柱国、太师的荣遇及文忠之谥，并革其子锦衣卫指挥张简修为民。神宗好贪，疑心居正必多金银财宝，便命司礼监张诚、侍郎丘，到江陵去抄他的家。大臣中如赵锦、杨巍都上疏劝阻，阁臣许国也致书与丘说：“愿推罪人不孥之义，以成圣主好生之仁，且无令后世议今日轻人而重货也。”后一句实是说得很尖利的，但都没有用。

丘等到江陵以前，荆州府、江陵县已经登记了张家的人口，封了张家的门，子女们只得躲避在空室中，等到官府打开了门，饿死的已有十余人。经过张诚等彻底搜查，得到黄金万两，白银十余万两。居正长子礼部主事敬修，因受不了拷打，只得诬服有三十万两金子寄存在别人处，后来即自缢而死。

朱东润先生的《张居正大传》，据《明史·翟銮传》说："明朝的法律，抄家只有三条：（一）谋反，（二）叛逆，及（三）奸党。"朱先生因而问道："居正的罪状属于哪一条呢？"这是厚道人的想法。临到皇帝要抄臣民的家时，还讲什么法律不法律？上谕中曾说：张居正"专权乱政，罔上负恩，谋国不忠，本当斫棺戮尸，念效劳有年，姑免尽法"。一个大臣的罪行，到了戮尸的地步，定一个"奸党"的罪名，不就可以充数了吗？御史李植曾说："至尊见我，称我为儿子，看见查抄的宝玩便喜欢。"这就很生动地点明了神宗的心事。

张居正柄政时，御史刘台因弹劾居正而被捕。刘台的僚友生怕牵连，为此避匿，只有于慎行往视刘台。后来居正因父丧"夺情"，于慎行与同官又具疏谏奏，居正闻而怒曰："子吾所厚，亦为此耶？"慎行从容对曰："正以公见厚故耳。"居正为之怫然。

到丘橓往江陵抄家时，慎行（时任左谕德）曾致一书，《明史》云："言居正母老，诸子覆巢之下，颠沛可伤，宜推明主帷盖恩，全大臣簪履之谊。词极恳挚，时论韪之。"

这信的原文说："江陵殚精毕智，勤劳于国家，阴祸机深，结怨于上下。当其柄政，举朝争颂其功而不敢言其过；今日既败，举朝皆索其罪而不敢言其功，皆非情实也（下略）。"这是说，张居正得势时，没有一个人敢说他的过失；失败后，没有一个人敢评他的功劳。所以，终万历一朝，没有人敢为他辩白的。

到了熹宗时，廷臣稍稍追述他的政绩。邹元标曾因劾居正“夺情”而被谪戍，这时任都御史，也称道居正。崇祯三年，礼部侍郎罗喻义等讼居正之冤，后来尚书李日宣等又力陈居正之功，并追复了居正长子礼部主事敬修的官职。

张居正的一生，并非没有过错，但毕竟功大于过。神宗以幼主而承大统，万历初年政局所以能够振作安定，主要得力于居正的辅政。谁知逝世九个月后，忽然遭此剧变，又怎能使功臣瞑目于地下？可是大家又不敢说一句公道话。只有故主撒手，恩怨渐消，才能为他昭雪，给他以公正的评价。

千秋与一死

洪承畴本为明之总督，松山溃败，向清归降，后又为清廷策划开国规制。其事知者已多，但后人记载，颇多浮夸不经之处，这里只举被俘后受降一事来说。

《清史稿·洪承畴传》，记清太宗命范文程向承畴说降，“承畴方科洗谩骂，文程徐与语，泛及古今事，梁间尘偶落，着承畴衣，承畴拂去之。文程遽归，告上（清太宗）曰：‘承畴必不死，惜其衣，况其身乎？’”这段记载，已很有小说色彩，《清史稿》虽编修于民国，参与其事的也有清之遗老，几乎当作“国史”来修，不少记事中，都是立足于清室，上述洪承畴拂衣去尘事，居然作为信史而采录。到了野史演义，遂有太宗妃（即孝庄太后）盛妆而往土室诱降事。孟森在《洪承畴奏文册汇辑跋》中说：“清初任何大事，皆以为世祖之太后委曲助成”，说得很风趣。这时清人虽未入关，未染汉化，但太宗已威震一方，明之败局已日益显露，雄鸷之太宗，何至以自己之宠妻蛊惑一个已沦为俘虏的汉囚，徒然授人以柄呢？

孟氏又揭示承畴拂衣尘故事，实是袭用明靖难时吴溥判断胡广不肯死难语而相凑附。胡广（即胡靖）本为建文帝词臣，燕王夺位后，颇受重用，官至大学士。此事《明史·胡广传》未载，谷应泰《明史纪事本末》卷十八曾有记载，亦颇具戏剧性。

燕兵渡淮，建文帝的翰林王艮决心殉节。燕兵入京，胡广、解缙都聚集在吴溥家中，缙陈说大义，广亦愤激慷慨，只有王艮流涕不言。吴溥的儿子与弼年尚幼，叹道："胡叔能仗义，大是佳事。"吴溥道："不然，独王叔死耳。"意为如果胡广不死，死的只有王艮了。话还没有说完，忽闻隔墙胡广呼道："外闹甚，可看猪。"吴溥便对其子说："一猪不忍，宁自忍乎！"接着，只听得王艮家中哭声纷起，艮已服毒而死，胡广则不久降于燕王。

洪承畴拂衣尘的传说，或由此而衍化。有些笔记中，对丧乱之际的臣士，也有类似的记载。假定范文程或吴溥真的说过这样的话，也只能承认他们有一半的道理。因为有的自杀者，事先对自己身边余物，还是十分爱惜，处理得很周密，有的还从容地写了绝命书。见衣尘而拂去，闻外闹而念猪，这其实是本能性的条件反射，以此推测洪、胡的贪生，并不完全正确。只因两人后来改事新主，倒成为不幸而言中了。

赵翼《瓯北诗钞》有一首七律，题目很长，可作纪事看：《夜梦从军为贼所执，不可不死，又不能遽自引决，瞿然而悟，汗已满身，乃知生平中未有定力也》，其中颔联云："平时每作千秋想，临事方知一死难。"似亦可移用于洪、胡的降志易节。强敌临境，他们初志想与故国共存亡也是事实。全祖望《梅花岭记》记孙兆奎被执后，问洪承畴说："经略从北来，审知故松山殉难督师洪公果死耶，抑未死耶？”说明承畴最初确有死节之意，连在京师的明思宗也知道，到这时便成为讽刺性的反唇之稽，不过他的惜死，决非由于孝庄蛊惑。

袁崇焕冤案

《明史》奸臣传一共列了六人：胡惟庸、陈瑛、严嵩、周延儒、温体仁、马士英。其中崇祯朝倒占了两人，即周延儒与温体仁。

张岱《夜航船》的明代奸臣一目，崇祯朝却有四人：周延儒、袁崇焕、杜勋、马士英。无温体仁而有袁崇焕。

我在拙著《伸脚录》的后记中，曾指出这是张岱的错误，并以为“大概因袁崇焕擅杀毛文龙”，其实只说对了一半。

袁崇焕之杀毛文龙，固然成为他后来一大罪状，但张岱将他列为奸臣，并非仅仅因他杀了毛文龙。

《明史·袁崇焕传》记崇焕被杀后有云：“崇焕无子，家亦无余资，天下冤之。”似乎朝野即有人为他叫屈，其实不然。黄云眉《明史考证》卷二百五十九云：“按余绍祉于崇祯丁丑（十年）作感时诗二十首，其一首云：‘奇哉贪封侯，引敌薄辇毂。嗟哉以一人，而食（饲）万姓肉（《晚闻堂集》）。’即指崇焕之狱也。思宗之屈杀崇焕在三年，而绍祉作诗在十年，犹不知崇焕之冤。张岱撰崇焕传，书之亦竟如一通敌叛逆，并予以恶评，谓不能上比秦桧（《石匮书后集》卷十一），盖所据皆为崇祯朝邸报，末由见清室档子……然则史称天下冤之，未为得实，盖易代而后，真相已白，乃可有此追书之语，非当时已共知其事而冤之也。”可见张岱将袁崇焕列入奸臣，是因他通敌，敌指关外的后金，即“满洲”。

袁崇焕为什么遭到京城居民如此痛恨，竟至食其肉而后快？原来崇祯二年（1629 年）十一月，后金皇太极曾率重兵围北京，臣民皆受骚扰，当时崇焕曾率师入援，大家以为是他引狼入室之故，因而恨死他。十二月，即下崇焕于狱。

再看看明清之际的若干史籍，也是这样看待袁崇焕的，如计六奇《明季北略》卷五云：“江阴中书夏复苏，尝与予云：昔在都中，见磔崇焕时，百姓将银一钱买肉一块，如手指大，啖之。食时必骂一声。须臾，崇焕肉悉卖尽。”又云：“崇焕捏十二罪，矫制杀文龙，与秦桧以十二金牌矫诏杀武穆，古今一辙。”这是真的把袁崇焕当作秦桧了。

谈迁《国榷》卷九十一评云：“其失在愎谏怯战，避难规利也……今俱谓其通建虏，一时难民忿祸，众喙漂山，而爰书三尺，真同反叛，安能折其心使不断断地下哉。呜呼！戍之辟之可也，寸而磔之，果法之平乎？”这还算说得公道，却没有说到袁案本身就是一件大冤案。而这件冤案的构成，却富于戏剧性，如同演义中的蒋干中计一样，最后起辩诬作用的是清人的档案，其情节之离奇，几乎使人难以相信。

王氏《东华录》天聪三年（1629 年）十二月云：“先是，（后金）获明太监二人，付与副将高鸿中，参将鲍承先、宁完我，榜式达海监收，至是回兵。高鸿中、鲍承先遵上所授密计，坐近二太监，故作耳语云：‘今日袁巡抚有密约，此事可立就矣。’时杨太监者，佯卧窃听，悉记其言。庚戌，纵杨太监归，杨太监将高鸿中、鲍承先之言详奏明帝，遂执袁崇焕下狱。祖大寿（明总兵）大惊，率所部奔锦州，毁山海关而出。”《东华录》是根据清《太宗实录》转录的。这就很清楚不过了：思宗是中了后金反间计而杀袁崇焕的，袁崇焕并非如思宗谕旨中说的，有什么“谋叛欺君，结奸蠹国，斩帅以践虏约，市米以资盗粮……暗藏夷使，坚请入城”的罪行。

清修《明史》，于《袁崇焕传》中也明言：“会我大清设间，谓崇焕密有成约，令所获宦官知之，阴纵之去。其人奔告于帝，帝信之不疑。十二月朔再召对，遂缚下诏狱。”思宗所以如此轻信，也多少有些根由。

袁崇焕当时对后金的政策是“以和为守[1]，以守为战”，谈迁因而说他“怯战”。清太祖努尔哈赤逝世时，崇焕曾遣使往吊，借以觇探虚实，后又欲与后金议和。这些，后来都被诬为通敌之证。皮岛（在辽宁南大海中）守将毛文龙跋扈不法，为袁崇焕所斩，思宗事先不知道，这时便被说成“斩帅以践虏约”，后来南都吏部尚书徐石麒在疏中也说“甚至杀东江毛文龙以示信”。其次，当时的辅臣温体仁（乌程人）是毛文龙（仁和人）的浙江同乡，欲为文龙报仇，兵部尚书梁廷栋与崇焕也有私隙。又因崇焕与大学士钱龙锡友善，逆案之定，半由龙锡主持。而御史高捷、袁宏

[1] 全祖望《鲒埼亭集》卷二十九《明庄烈帝论》，曾批评思宗不与当时后金议和为失策。

勋等原为逆案中人杨维垣所汲引，必欲以此倾陷袁、钱（后钱龙锡系狱得释）。所以，在这种局面之下，袁崇焕自无超生之望。张岱《夜航船》中所以未将温体仁列入奸臣，也因体仁是主持杀“奸臣”袁崇焕的人，那么，温体仁本人自然不能算是奸臣；而张岱、计六奇、徐石麒等对袁崇焕的贬抑，却都是出于正义。

也因为这样，民国时期，梁启超、孟森等都撰文为袁崇焕雪诬，梁氏在《袁崇焕传》中说：“若夫以一身之言动进退生死，关系国家之安危，民族之隆替者，于古未始有之，有之则袁督师其人也。”这评价未免过高，说得最精辟的是孟森：“其方法乃袭小说中之蒋干中计。清太祖时译《三国演义》以为兵书，此时尚得其用，而明帝之不知士大夫心迹，竟堕此等下劣诡道，自坏万里长城，并不言其蜚语之所由来，自矜烛照神秘。虚憍之正人，既不慊于前时遣吊，又不审毛文龙之当诛罪恶，捏其情事为一串，竟称崇焕通敌胁款，至国亡后尚哓哓欲传为信史。《明史》出而稍据《清实录》，于崇焕传雪此诬构，近又好据同时人之褒贬以为可信，则不可挟此成见也（《明清史讲义》）。”孟氏对明思宗颇多贬词，认为正是个凿然的亡国之君，又谓崇祯十七年中，用宰相至五十人，视置相如弈棋矣。

总之，如果清《太宗实录》不为后人所见，《明史》不记太宗行反间事，则袁崇焕之冤也就难白于天下[1]。

写此文毕，又检新版《辞源》袁崇焕条末云：“或诬其通敌，下狱，被磔于市”，说得太含混，真相就不明确，不如《辞海》的“因崇祯帝中反间计，以为他与后金有密约，被杀”之直截了当。

---

[1] 金庸小说《碧血剑》也是写袁崇焕故事。

“满洲”老档秘录

孟森《明清史论著集刊》正编中，曾经谈到金梁的《满洲老档秘录》。前日偶检旧藏，于无意中得之。秦火之余，别有恋惜之情。内容包括清太祖、太宗两代。清人入关前在在建置之朝章国故，于此也可尝鼎一脔。

老档的原文为满文，由金梁译出，但与通用的满文不同，所以翻译也特别困难。例如原来的汉人文件，译成满文时，已经过一番删润，再由满文译成汉文时，又经过一番删润，因而原文真相如何，已难得见。多亏孟先生的辛劳，使我们可以和原文对比，而且觉得有趣。

孟先生所举者为《故宫月刊》所载崇德元年十月老档一件，乃明锦州奸民通敌之书。原文鄙俚怪诞，似歌非歌，如巫师魔语，令人发笑。

当时有善友邪教的首领崔应时，差胡有升投书豫亲王多铎，书的原文云：

> 天荒地乱亦非轻，古佛牒文下天宫。紫微大金临凡世，天聪世间侵北京。奉佛天差一帝王，落凡住世，大破乾坤。只因牛八江山绝尽，今该大金后代天聪，掌立世界乾坤。普天匝地，大地人民，久等明君出现，救度男女，总归一处。东有四处金兵皈顺，北有插酋降服归顺。此主非不轻，天差下世，替旧换新，改立乾坤，重立世界。牛八江山功满回天宫，天聪掌教……天下十三布政，都有贤人，救苦观音，护你掌教。陕西秦地，出一真佛，通着乾坤，要见金身，终日两泪悲倾（下略）。

这样的怪文，要译成一本正经的降书，确实是不容易的。下为《秘录》所载的崔书：

> 佛言朱氏之统业将终，故遣真主下界，拨乱反正。今大金之后，天聪皇帝出而御世，是为英明皇帝，安天下之民。东四部金兵从之，北察哈尔亦从之，世人不可轻视。盖天之遣新替旧，复定天下，改革时世，固有在也。朱氏统业之众，系于天，天聪皇帝立后，诸神佛下界，扶助天聪皇帝即皇帝位……天下十三省，皆有贤士，观音菩萨，助帝即位，前佛现山西地方，欲见金裔，每日号哭（下略）。

孟氏云："在欲观老档者，正愿观其荒唐至何程度，以辨清初当局者之程度。"崇德元年（1636 年），清人曾上太宗尊号为宽温仁圣皇帝，定国号为清，又遣官祭孔子，但在满族人的文化程度上，还是很低陋的，故多铎阅后，不以为怪，且甚欣喜（所看的当是满文）。如果在入关后的文网森严之时，凡是文字荒唐险怪的，即使出于颂扬新朝的诚意，也是要追究其“是何用心”的。

谈崇祯前期的辽事辽帅者，必涉及督师袁崇焕，因而又必涉及皮岛守将毛文龙。《秘录》中收有清太宗与袁崇焕往来书札，及毛文龙致太宗书七通，也是很重要的史料。

太宗与袁崇焕书的第一封，为天聪元年正月，即明之天启七年（1627年），书中历诉七大恨。七大恨本始于太祖时，太祖之仇明，亦始于七大恨，太宗书中只是重诉而已，其实只有景、显二祖（即太祖的祖父、父亲）之被杀尚可说是“大恨”，虽然也是误杀而非故意杀害，其余只是嫌隙，是非曲直原很难说，如第五恨的“叶赫（北关）之女”事件，就很无谓，更不能说是明朝的过失。

袁崇焕的答书，《秘录》和蒋氏、王氏《东华录》皆有收录，但有异同，这里先抄《秘录》中全文：

辽东提督部院袁崇焕，致书于大王帐下。再辱教书，知大王之渐息干戈，以休养部落，即此一念好生，天自鉴之，将来所以佑大王而昌大之者，尚无量也。往事七宗，大王所抱为长恨者，不佞宁忍听之漠漠？但追思往事，穷究根因，我之边境细人，与大王之不良部落，口舌争竞，致起祸端，作孽之人，即逭人刑，难逃天怒，不佞不必枚举，而大王亦所必知者也。今欲一一辨析，恐难问之九京。不佞非但欲我皇上忘之，且欲大王并忘之也。然大王十年苦战，皆为此七宗，不佞可无一言乎？今哈达、叶赫安在？辽河东西死者宁止十人，仳离者宁止一老女？辽沈界内之人民已不能保，宁问田禾？是大王之怨已雪，而意得志满之日也，唯我朝难消受耳。今若修好，城池地方，作何退出？官生男妇，作何送还？是在大王之仁明慈惠，敬天爱人耳。无道无私，人情忌满，是非曲直，原自昭然，各有良心，偏私不得，不佞又愿大王之再思之也。一念杀机，启世上无穷劫运，一念生机，保身后多少吉祥，不佞又愿大王思之也。若书中所开诸物，以中国财用广大，亦宁靳此，然往牒不载，多取违天，亦大王所当酌裁也。方以一介往来，又称兵于朝鲜，我文武官属，遂疑大王言不由衷也。兵未回，即撤回，已回，勿再往，以明大王之盛德息止刀兵，将前后事情，讲析明白，往来书札，无取动气之言，恐不便奏闻。若信使往来，我皇帝固已知之矣。皇帝明见万里，仁育八荒，唯大王坚意修好，再通信使，则懔简书以料理边情，有边疆之臣在，大王勿忧美不上闻也，大王其更有以教我乎。

袁书委婉而严正，不失边疆大臣风度，太宗书则倨傲坐大，咄咄逼人（本文未录）。

《秘录》中之“大王”，蒋《录》作“汗”。这是对的。当时明臣致书后金，不会称为不伦不类的大王的。蒋《录》中之“知汗之渐渐恭顺天朝”，《秘录》中已将“恭顺天朝”四字删去。蒋《录》中“亘夷夏之人，肝脑涂地，三韩膏血，弥漫草野，天愁地惨，极悲极痛之事”数句也被删去。但《秘录》中的“各有良心，偏私不得”，则为蒋《录》所无。蒋良骐为乾隆间人，所录或接近于袁书原貌。孟氏说《满文老档》中文字，凡《东华录》所有者，都是金梁钞撮以了事。这是对的。但所钞的是王《录》，王《录》对太宗还是用“汗”的，金氏则妄改为“大王”。至于孟氏说的“称满洲皇帝等文，当时尚未发生满洲之名，其为不根可知”。这却不是金氏后加，蒋《录》中已有“大满洲国皇帝致书大明国袁巡抚”之语。

以上为天聪元年之书信，尚有天聪三年太宗与袁崇焕来往之书信共达十封，却为蒋、王二《录》所无。信中所谈的都是和议事，后来也成为崇焕“通敌”的罪名。

其次，《明史·袁崇焕传》，记崇焕斩毛文龙时，数其十二大罪，其中“擅开马市于皮岛，私通外番”，语较含糊，似是说其专擅弄权。《秘录》中有“毛文龙来书七通”，中多责备后金语，但第七封云：“忆先使赵姓往告上（指太宗）与诸贝勒请率兵来，我为内应，如此则取之易如反掌，乃不纳我言。又谓我欲降之心，未必全真……因知事不能成，于是欲降之心绝矣……以吾观之，上何多疑而无定乎。又谓我太胡为，不慎于始，后必不易驾驭，并以我有叛心，密告于袁都司杀之，告叛之人，有功升为副将，此何意乎。我虽为此地之官，而归顺之心常存也。我非欺诈，因上与诸贝勒未通其意，是以未往，上何不见谅乎，但来时即尔之臣工也。今有畏于心者三事，负恩私逃，尚无寸功，必为上建立大功，方可自进，否则，谁不谓我奸宄乎？此其一也。闻上方于宁远议和，我今若往，倘已和毕，上又责我往来无时，万一遣归，则粉身碎骨矣。是以惧不敢往。此其二也（下略）。”在此之前的六封信，说的都是议和修好事，这封信却是准备叛明降敌。时为天聪二年（1628年）四月。

蒋、王二《录》自然不会收毛文龙书，蒋《录》仅书：天聪二年四月，“明袁崇焕以总兵毛文龙据南海皮岛与我国私通，杀之”。王《录》云：“文龙欲与吾国通好，屡遣使致书，因遣科廓等赍和书往报，往来数次，文龙乃执科廓等解送北京。后袁崇焕以文龙与吾国私通，杀之。”下又引《通鉴辑览》云：文龙“部下劲卒不下二万余，崇焕恐其跋扈难制，故必欲杀之”。似文龙私通之罪，只是崇焕所加，“满洲”并不认可。若仅为议和，自不同于私通，崇焕本人就屡欲议和。按，文龙通书在四月，崇焕之杀文龙亦在四月，观文龙书中“密告于袁都司”云云，袁崇焕这时或已得悉毛文龙有投降之意，但也只有看了这封信，才始能够认定。《明史》所谓“私通外番”云云，却是很含混的，或者为了回避，故意用上笼统的“外番”字样。

史可法之死

顺治二年（弘光元年）二月，清军破西安，李自成奔商州。蒋氏《东华录》记清廷谕豫亲王多铎云：“初曾密谕尔等，往取南京，今既攻破流贼，已得西安，可将彼处事宜，交与靖远大将军英亲王等，尔等即遵前命，趋往江南，流寇余氛，责令英亲王等追剿。”五月十八日，“大军薄扬州城下，招谕其阁部史可法、翰林学士卫允文及四总兵二道员等，不从。二十五日，令拜尹图、图赖、阿山等攻克扬州城，获史可法，斩于军前，其据城逆命者并诛之”。《清史稿·世祖本纪》：“丁丑，拜尹图、图赖、阿山等克扬州，故明阁部史可法，不屈，杀之。”有罪曰诛，无罪曰杀，此处则用“杀”字，这对史可法节概的推崇尤为明显。清高宗之于史可法，也有褒扬语，但无“据城逆命者并诛之”语，当是有意回避，因为这也就是扬州屠城的前奏。

王秀楚《扬州十日记》云：“乙酉夏四月十四日，督镇史可法从白洋河失守，踉跄奔扬州，坚闭城以御敌，至廿四日未破。”

又云：次晨，“忽数十骑自北而南，奔驰狼狈，势如波涌，中拥一人则督镇也。盖奔东城外，兵逼城不得出，欲奔南关，故由此。是时始知敌兵入城无疑矣”。白洋河镇在泗州西北，当时徐（州）泗告急，可法渡江援泗，到泗州时，守将李遇春已以城降清，只得退保扬州。

史可法被执之处，据《明史》本传说是小东门。但因小东门城外已为清兵所逼，只得折而至南门，乃于中途被执。这时多铎适在南城楼，遂解至其所。全祖望《梅花岭记》也这样说。

顺治元年时，多尔衮已曾诱降，多铎自然也要可法降从。罗振常辑补的《史可法别传》云：“王不识公，问左右谁识史督师。时公幕僚杨遇蕃先被擒，至辨之，曰：‘信。’公曰：‘吾出，将以明白死，何云伪耶？’王肃然起敬，待以宾礼，劳之曰：‘累以书招，而先生不从；今既竭臣忠，不为负国，能为我收拾江南，当不惜重任。’公怒曰：‘吾为朝廷大臣，岂肯偷生为万世罪人。吾头可断，身不可辱，愿速死，从先帝于地下。’……王起拔刀斫之，公挺立迎其刃。王退，连呼好男子。时（史）德威持遗书走城中，寄藏于旌忠寺，复回，见公与王语，色益厉。王知不可夺，曰：‘既为忠臣，当杀之，以全其名。’……遂慨然授命。”

多铎说的“屡以书招”云云，史可法曾有答书：“败军之将，不可言勇；负国之臣，不可言忠。身死封疆，实有余恨，得以骸骨归钟山之侧，求太祖高皇帝鉴此心，于愿足矣。弘光元年四月十九日，大明罪臣史可法书。”

扬州被围时，可法已有死国之心，四月二十一日遗书云：“恭候太太、杨太太、夫人万安。北兵于十八日围扬城，至今尚未攻打，然人心已去，收拾不来。法早晚必死，不知夫人肯随我去否？如此世界，生亦无益，不如早早决断也。太太苦恼，须托四太爷、大爷、三哥大家照管。炤儿好歹随他便了。书至此，肝肠寸断矣。四月二十一日，法寄。”可法无子，所云炤儿，或夫人抱养之子。此书作于二十一日，至二十五日乃城破授命。五月十五日，清军已破南京，可法的死葬钟山之侧的遗愿，也永难实现了。

高家兵马在扬州

吴伟业《题冒辟疆名姬董小宛小像》之七云：

乱梳云髻下妆楼，尽室仓皇过渡头。

钿合金钗浑抛却，高家兵马在扬州。

诗前有小序云：“则有白下权家，芜城乱帅，阮佃夫刊章置狱，高无赖争地称兵。”白下权家与阮佃夫指阮大铖，芜城乱帅与高无赖指高杰。此诗则咏弘光时高杰骚扰扬州事。

高杰，米脂人，人称番山鹞，原是李自成的骁将，后投明，隶参将贺人龙麾下，时约在崇祯八年，李自成之势方张，为什么还要投明呢？

《明史·高杰传》云：“自成妻邢氏武多智，掌军资，每日支粮仗。杰过氏营，分合符验。氏伟杰貌，与之通，恐自成觉，谋归降。次年八月，遂窃邢氏来归。”这是见于正史的。

彭孙贻《平寇志》卷十二，有更详细的记载："自成掠得邢氏，嬖之，命杰护内营。邢氏悦杰，杰通于邢氏。洪承畴节制三边，屡破贼，使人招安。贼自成怀二三，杰以邢氏故，畏泄被诛。邢氏颇知去就，谓自成作贼必不终，背自成从杰。杰在贼后营，夜劫邢氏奔富平，以所部奔降于承畴。从承畴屡破贼。自成怒，誓杀杰。杰知之，当闯必尽力，立功至裨将……杰以邢氏故，远避之，走归蔡懋德。"这倒像"冲冠一怒为红颜"了。

甲申之变后，南明曾于江北设四镇：东平伯刘泽清驻淮北，兴平伯高杰驻泗水，广昌伯刘良佐驻凤寿，靖南侯黄得功驻庐州。史可法以大学士督师，开府扬州，实际是马士英要将他排挤在外。

由于扬州繁荣，诸将都要争夺扬州，黄、高争之尤力。得功曾愤而言曰："吾乃朝廷大将，累立战功，僻处仪征小邑。番山鹞，一贼耳，有何功绩，占据名邦。"

史可法原意，因高杰拥有重兵，要他北上御敌。但高杰必欲先进驻扬州，"安顿家眷"，各镇自然不服。

计六奇《明季南略》云：甲申春，高杰"由山西、河北率兵南下，大肆劫掠。抵扬，欲入城，扬人畏惧，为罢市，登陴死守。杰攻之，多杀掠。四月廿八日乙酉，杰围扬州，困之。五月初五日壬辰，杰兵大掠江北，声言欲送家眷安顿江南，约刘泽清刻日南渡"。于是"民以兵为贼，死守不容，兵以民为叛，环攻弗释"。这一来，却苦坏了江上孤忠的史可法。

应廷吉《青燐屑》云："番山鹞必欲以扬为镇，屡肆要挟，阁部为请于朝，维扬士绅，又复大哄，守土以无衵为辞，阁部遂于东偏行署，以督府居之。入城日，高夫人邢氏，号令严肃，颇称安堵。"

原注：“按，邢氏，闯贼李自成妻也，番山鹞通焉。自成觉之，杖以百，将杀之，番山鹞挟而南奔，自成追之不及。邢氏美而艳，然严毅，将士悚惕，番山鹞见之，终身不复议置侧室。”应廷吉曾入史可法之幕，为可法所倚重，后来清兵破扬州时，以缒城得免于死，所以他也许看见过邢氏。《青燐屑》又说高杰劫史可法于福缘庵，“罗列兵仗，甲士环堵，公夷然处之”。总之，这时的史可法，已被高杰所控制。当时就有民谣说：“谁唤番山鹞子来，闯子不和谐。平地起刀兵，夫人来压寨。亏杀老婆婆，走江又走淮。俺皇帝醉烧酒，全不睬。”老婆婆指史可法，皇帝指福王。可法无子，邢氏想把她的儿子，做可法的义子。可法谢绝，要她儿子认高杰为义父，则邢氏与高杰逃奔时，还带着她的儿子。

可法在军民中的威信，因而也大受影响。有人就说他抑万里长城之黄得功，而用狼子野心的高杰，“坏东南之天下者，史道邻也”。徐鼒《小腆纪年》卷十，曾力为阁部辩护，并以为这些只是“书生率意妄语”。

李建泰

李建泰是崇祯十六年时的大学士，疏陈时政切要十事，皆为思宗采纳，在京剧的《明末遗恨》中，却由丑角饰演，这也有其根由的。

十七年正月，李自成部队进迫山西，吏部奏云："秦寇窥渡，三晋披靡。贼骑未到而城池已空，伪檄方传而人心胥乱。"平阳陷落后，思宗临朝叹曰："朕愿督师亲决一战，身死沙场无所恨，但死不瞑目耳。"语毕痛哭。诸辅臣欲请代思宗出征，未被允许。李建泰家在曲沃，又很富裕，所以久想出资助军，这时便说："臣家曲沃，愿出私财饷军，不烦官帑，请提师以西。"思宗大喜，加建泰兵部尚书，赐尚方剑，便宜行事。

建泰出京时，思宗亲自为他饯行，递酒三杯说："先生此去，如朕亲行。"太监为他披红簪花。

走了几里，建泰坐的肩舆杠杆忽然折断，大家以为是不祥之兆，其实是大家对他这次出师本不存什么希望。随行的进士程源，私下对另一进士凌说："此行也，兼程抵太原，收拾三晋，犹可济也；若三晋失守，无能为矣。"这也是以暗淡心情说的，似乎已经预感到，三晋是不可能保全的。

李建泰虽以宰辅督师，可是兵和饷少得可怜，所带士兵只有五百人。刚离京城，劈头就得到一个噩耗：曲沃已破，李家的家产都被抄没。一惊之余，就此得病。走了三十里，士兵多在中途逃亡。到了定兴，城门紧闭，不让他进城；围攻三天，才破城而入，鞭打长吏以泄愤，这哪里还像个朝廷命官？到了保定，已为李自成军的前锋所逼，不敢再向前行进，只得进驻城中。不久，保定也沦陷，建泰自刎而未死，因而为李军刘亮所拘，送往军中。

当时的局势原已土崩瓦解，也确实不是李建泰这样的官僚能够应付得了。据计六奇《明季北略》所载，不让他进城的也不止一处，朝廷的威信到了地方就像一张薄纸，怎么还能到前线"讨贼"？

李建泰有没有投降李自成军，《明史》未曾明言，只说李自成事败后，清廷曾召建泰为内院大学士。后来降清的姜瓖在大同起兵叛清，建泰遥相接应，遂被清廷所杀。《明季北略》云："及姜瓖起兵，又召建泰为相。瓖败，大清执之。建泰有妾五十人，逃归，语之曰：'今吾必死，汝辈有一人肯从吾否？'诸妾俱掩面而笑，窃相谓曰：'汝固应死，吾等谓何？'建泰寻被杀。"可惜舞台上没有这情节，我看到的，只是他受思宗奖勉后，耸着白鼻子，扬鞭而离京城，大家只把他当作丑角看，因而觉得很好玩又很可笑的样子，已非大臣之风了。

李自成的杀人

李自成、张献忠起事后，杀戮之残，官文书记载虽有夸张之处，但有一大批人丧生于他们锋刃之下也是事实，这中间还包含一个心理背景。

李、张为什么要造反？尽人皆知，全是由于饥荒，已经到了吃人肉的地步，朝廷的赋税却越来越苛重。当时谁肯施舍一碗粥的，灾民立即下跪叩头。可是富的人仍然很富，并且过着花天酒地的生活。这些人都是皇亲国戚、豪绅富商。穷富对立，惨舒悬殊的结果，就容易产生敌对心理与嫉妒情绪，终至成为尖锐的社会问题。

例如老福王朱常洵就是一个花花公子，他的结婚费用，超过了皇帝的大婚费用。他的藩国在洛阳，民间因而有怨言说："先帝（万历帝）耗天下以肥王，洛阳富于大内。"后来李自成造反，朝廷的援兵过洛阳时，兵士就说："福王府金钱多至百万，却叫我们空着肚皮死于贼手！"这还是官兵说的。

崇祯十四年，李自成军破洛阳，捉住福王，因为福王体肥，便割其肉与鹿肉同煮，名为“福禄宴”。

后来李自成破京师，勒令一批官员献金，阁臣十万，京卿七万，给事、御史等五至一万，“勋戚无定数”，意思是还要超过规定的数额。魏藻德是首辅，先拿出一万金，李军嫌少，于是拷打五日夜，最后脑裂而死，又迫令他儿子补缴，儿子说：“家已罄尽，父在，犹可丐诸门生故旧，今已死，复何所贷。”说的倒是实话，可是儿子随即被杀害了。

还有一个大学士陈演，以受贿致富，李军用刑夹一夹，就夹出了黄金三百六十两，银四万七千两。

这是随手举的例子。笔者丝毫没有赞赏农民军这种残酷野蛮行为的意思，这是不得人心的取败之道，只想说，农民军起事时，已经有了这种敌对心理，后来一发不可收拾，上升而变为变态的虐待狂，仿佛成为一种本能，凡是看得中的就要发泄，连平民也遭殃，如旧小说所谓杀人红了眼。李自成的纪律本来还严明的，到后来也没法儿控制部下了。

不因女子下雄关

甲申之变后，李自成入京师，拘吴三桂之父吴襄（明代曾任京营提督）及三桂宠妾陈圆圆，胁令吴襄作书招三桂。时三桂驻兵滦州，得书欣然受命。继而有探子自京师来，问曰："吾家无恙耶？"答曰："为闯籍（抄家没收）矣。"曰："吾至当自还也。"又一探子至，问曰："吾父无恙耶？"答曰："为闯拘縶矣。"曰："吾至当即释也。"又一探子至，问曰："陈夫人无恙耶？"答曰："为闯得之矣。"三桂拔剑斫案曰："果有是，吾从若耶？"于是作书答父，责其隐忍偷生，中有"父既不能为忠臣，儿焉能为孝子乎"语，表示与父决绝。

三桂于是急归山海关，李自成发兵追攻之。这时世祖已即位于盛京（沈阳），多尔衮驻兵翁后。三桂乃遣副将杨坤等致书乞师，略云："三桂以蚊负之身而镇山海，思坚守东陲，而巩固京师也。不意流寇犯阙，奸党开门，先帝不幸，九庙灰烬……三桂受国厚恩，欲兴师问罪，奈京东地小，兵力未集，特泣血求助。乞念亡国孤臣忠义之言，速选精兵，三桂自率所部，合兵以抵都门，灭流寇于宫廷，则我朝之报北朝，岂惟财帛？将裂地以酬，不敢食言。”书中固仍以“先帝”为念，自认为亡国孤臣，并称关外之清人为北朝。

多尔衮得书后，即命汉军旗运红衣炮往山海关进发，又以书答三桂，中有云：“予闻流寇攻陷京师，明主惨亡，不胜发指……夫伯思报主恩，不共流贼戴天，真忠臣之义也。伯虽向与我为敌，今勿因前故怀疑。昔管仲射桓中钩，后用为仲父。伯若率众来归，必封以故土，晋爵藩王，一则国仇得报，二则身家可保，世享富贵，如山河之永也。”三桂在明代曾封平西伯，故书中称为“伯”。与我为敌云云，指松山之役时，与清人交战事，末则以爵禄富贵相诱。

不久，清军至山海关，吴三桂出迎，多尔衮令三桂先行，并于征途中封以平西王之爵。这时李自成已从京城遁走，将吴襄一家杀死。世祖定京师，授三桂平西王册印，赐银及马。在南明方面，福王即位后，曾使封三桂蓟国公，又先后遣人自海上运米银犒师，三桂皆不受，盖其时已成骑虎难下之势，并知南明之不足恃。

康熙元年，桂王朱由榔被缅甸执送至吴三桂军营（时三桂镇云南），《清史稿·吴三桂传》云：“四月，三桂执由榔及其子，以弓弦绞杀之，送其母、妻诣京师，道自杀。”又云：李定国（桂王时封晋王）死于猛腊后，“三桂招其子嗣兴，以千余人降，明亡”。朱明究竟何时才算亡国？后人亦有议论，据上述《清史稿》，则以桂王被杀后始为明亡。王夫之《永历实录》云：“永历十六年，上在缅甸。李定国收兵安南，缅甸人叛，劫驾入云南。前平西伯晋封蓟国公吴三桂弑上于云南，及皇后王氏。”王夫之曾在湖南起兵抗清，后出仕于永历朝，所以书里故意书吴三桂在明代的封爵，并用了“弑”字，以著其恶，与上述《清史稿》的口吻便不相同。

《清史稿》叙三桂乞师缘由云：三桂至滦州，“闻其妾陈为自成将刘宗敏掠去，怒，还击破自成所遣守关将”，乃上书乞师。则正史亦明言乞师由于圆圆之被掠，吴伟业《圆圆曲》所谓“恸哭六军俱缟素，冲冠一怒为红颜”。后幅云“全家白骨成灰土，一代红颜照汗青”，此指自成惨屠吴襄一家三十余口，包括三桂正室，圆圆因籍入（失去正式身份）反而无恙。

吴伟业另有《杂感二十一首》，其第十八云：

武安席上见双鬟，血泪青娥陷贼还。
只为君亲来故国，不因女子下雄关。
取兵辽海哥舒翰，得妇江南谢阿蛮。
快马健儿无限恨，天教红粉定燕山。

汉代外戚田蚡封武安侯。吴、陈初晤于明思宗田贵妃父田弘遇（一说周皇后父周奎）席上，首句咏初识，即《圆圆曲》“相见初经田窦家，侯门歌舞出如花”之意。次句写重逢。哥舒翰喻三桂，谢阿蛮为唐玄宗时女伶，喻圆圆。沈德潜《国朝诗别裁集》云：“此《圆圆曲》缩本也。”三四两句，反话正说。钱仲联《清诗纪事》作“本为君亲来故国，岂因女子下雄关”。同书又引朱克敬《儒林琐记》，作“不为君亲来故国，却因女子下雄关”，固与吴氏作诗原意符合，但太率露，梅村故意用曲笔斜锋，才有讽喻意味。后来一些笔记野史，记吴陈离合悲欢的故事，大都从吴诗化出，而又刻意铺衍之，所以具体情节便有出入。

父子殉国的夏完淳

夏完淳是夏允彝的儿子，陈子龙的弟子。顺治二年，允彝投水成仁。次年春，完淳、子龙、钱旃重组义军，上书南明鲁王，鲁王遥授中书舍人。中书舍人唐初称内史舍人，故世称夏内史。钱旃是嘉善人，其女秦篆即完淳之妻。

随即参加太湖吴易的反清义师，事败，只身亡命。有些书上说他曾流离湘鄂，非事实。顺治四年夏，在故乡被捕，解往南京，乃作《别云间》诗："三年羁旅客，今日又南冠。无限河山泪，谁言天地宽？已知泉路近，欲别故乡难。毅魄归来日，灵旗空际看。"又有《遗夫人书》，中有云："不幸至今吾又不得不死，吾死之后，夫人又不得不生……言至此，肝肠寸断。执笔心酸，对纸泪滴，欲书则一字俱无，欲言则万般难吐。"英雄有泪不轻弹。乾坤正气，皆氤氲于此寸笺间。

他就义于风露江南的九月（南明为桂王永历元年），年仅十七。钱旃亦同时死。至此，父子、翁婿、师生皆先后捐躯。天伦人伦，两俱彪炳。完淳就义后，允彝即绝嗣。

夏完淳的主要活动，其实只有二三年。即十五从军，十七殉国。仅此二年，足抵千秋，泰山鸿毛，于此分明。屈大均所谓“一殇子胜于彭篯多矣”。他的名文《大哀赋》仿庾信的《哀江南赋》，作时只有十六岁。单从他的文学成就说，确实说得上是一个神童，却胜于世俗意义上的“神童”多多。朱彝尊《静志居诗话》卷七十五云:“昔终童未闻善赋，汪踦不见能文，方之古人，殆难其匹。”这话说得很中肯。完淳短短一生，其事迹所以广为后人交相称赞，也因他的诗文等著作在。倘论作品的缺点，便是单调而少变化，熟典常语翻覆见之；次则有壮丽而少苍劲，这当然和他的涉世年龄有关。他总共活了那么一些日子，在历史的长程上已经留下震动山河的跫然足音了。

当完淳在起解途中，经过细林，回忆前事时，作了一首七古《细林野哭》。细林为山名，旧名神山，在今上海市青浦县南，松江九峰之一。陈子龙避匿松江时，幅巾布袍，往来细林、余山间，完淳曾追随游憩。

诗中云:“细林山上夜乌啼，细林山下秋草齐。有客扁舟不系缆，乘风直下松江西。却忆当年细林客，孟公四海文章伯……去岁《平陵》鼓声死，与公同渡吴江水。今年梦断九峰云，旌旗犹映暮山紫……呜呼！抚膺一声江云开，身在罗网且莫哀。公乎，公乎！为我筑室傍夜台，霜寒月苦行当来。”第二句指夏完淳被逮后，舟行径至南京，故云“不系缆”。孟公，西汉名士陈遵，字孟公，陈子龙晚年亦号於陵孟公。去岁句，指苏州起兵失败事。《平陵》为歌曲名。汉丞相翟方进子翟义（时任东郡太守）曾起兵反抗王莽，事败被杀，翟义门客为作《平陵东》哀之，此时的姊妹篇《吴江野哭》亦有“《平陵》一曲声杳然”语。

诗中兼悼师伤父及励己的激情于一哭，亦近古文学史上最悲壮的囚徒之歌。柳亚子《题陈黄门集次巢南韵》之三云：“伤心野哭吞声日，后死荒江几辈存。愁绝细林山下路，当年宋玉替招魂。”下注：“公弟子夏内史有《细林野哭》诗。”

完淳又有五律《宝带桥》云：“宝带桥边泊，狂歌问酒家。吴江天入水，震泽晚生霞。细缆迎风急，轻帆带雨斜。苍茫不可接，何处拂灵槎。”

宝带桥在苏州市南，长百丈，跨运河和澹台湖口，下有五十三个拱洞，小船可通行，为著名古代石桥，至今尤为旅游者赏玩的名胜。相传唐刺史王仲舒鬻所束宝带以助工资，故名。诗中的“吴江”指吴淞江，太湖的支流，震泽为太湖之古称。薛氏竹枝词：“生憎宝带桥头水，半入吴江半太湖。”

夏完淳亡命时，常私入太湖，经过宝带桥，赋诗见志。当时多侦窥者，他因避祸，乃以舟为家。从未二句看，恐也是义师失败后之作。

钱振锽《读夏节愍公集》（“节愍”为乾隆时通谥）云：“志士难运落日戈，大明碧血满山河。一朝忠孝刀尽，我恨高皇造孽多。”意谓明太祖对功臣及文士杀戮甚多，看则夏完淳等南明义士的喋血刀碪，联想起太祖的寡恩，使人尚有余恨。钱氏读史论诗，常多独特之见，此亦其一。

过于执的悲剧

昆剧《十五贯》里，塑造了三种类型的封建官吏：周忱、况钟、过于执。周、况都是实有其人，过于执是虚构的。对舞台上的周、况的鉴赏并不难，对过于执却不易盖棺论定。他诚然是一面镜子，但镜子里面的眼耳口鼻，却是无数的过于执撮合而成的。他没有留下文集，却留下生活里的“过于执主义”。我觉得《十五贯》里塑造得最成功的形象还是这位过老爷。

过于执是一个知县，旧时所谓亲民之官，属于基层的，和老百姓接近的机会最多。从剧本看，他一不枉法，二不舞弊，他还是须生材料，而非小丑胚子，他的灵魂世界并非像《窦娥冤》中的楚州州官那样肮脏，一见告状来的连忙下跪，因为“但来告状的就是我的衣食父母”。过于执错判好人，放过坏人，主观上没有不良杂质，和娄阿鼠根本不认识。如果他是出于受贿徇私，对我们就是“没工夫唾骂”了，没什么深思的必要了。他的鼻子上，确实是不应该画上白粉的。

他出场时，有这样的自白："想我过于执自从到任以来，幸亏我善于察言观色，揣摩推测，虽然民性狡猾，一经审问，十有八九不出我之所断。上自巡抚，下至黎民，哪个不知我过某英明果断！"剧本作者让他这样说，自然为了加强讽刺的效果，但我们无妨看作他个人的抱负：他确实想管好地方，维护法纪，因而就得严惩杀人凶犯。然而苏成娟和熊友兰两个年轻人的性命，差一点就作了他刀下之鬼。

他把苏、熊定为杀害尤葫芦的凶手，也不能说他毫无根据。苏成娟和尤葫芦本非亲生父女，命案发生后，苏、熊又同行客路，熊所带的铜钱数目恰恰是十五贯。这一系列迹象，任何精明谨慎的官吏，也会把两人作为主要的嫌疑犯来侦查以至拘押。

接着，他对苏成娟亲自做了观察、审问，更加强了他推断的信心："看她艳如桃李，岂能无人勾引？年正青春，怎会凛若冰霜？"他已经深入到案犯的生理上和心理上的特征了。在他的档案中，当时一些所谓"风化案"的女主角，年轻貌美、性格放纵的想必很多，因而就得出了这种盖然性的逻辑。过去的经验告诉他，很多年轻貌美的女子曾经受过别人的勾引，苏成娟怎能例外？他知道马是四只脚的，那么，凡是四只脚的自然都是马了。他以盖然性代替了必然性，并以此构成那一套"岂能""怎会"的"过于执主义"。还应当承认，由于过于执平时办案的严正无私，在他办理的命案中也确实惩办了一些坏人，像他说的上自巡抚，下至黎民，无不称赞他英明果断，也未必全属自我标榜，从而使他的自尊与自信日益膨胀。人们如果要从品德上去抓他什么把柄，他倒是有恃无恐，自负得很。这恰恰成为另一种包袱，发展到极端，那就成为《老残游记》里写的号称“清官”，实为酷吏的玉贤、刚弼之流。

然而过于执的悲剧也正在这里，他给予小民的灾难也更可怕。死于楚州州官之手的冤魂苦主，人们固然感到悲愤，但为“过于执主义”所毁灭的无辜者，人们更感到沉痛可怜。要不是碰到况钟，人们还不是以为死有余辜？可是况钟是难得碰到的，也不能不感到分外可贵了。

况钟在乍听到苏、熊喊冤时，也并不是马上相信他们：“若冤枉，何来条条罪情？若冤枉，怎有人证物证？”因此，他还是按照监斩官的职守，执行上司的判处，准备将苏、熊“斩首回令”。可是紧接着两人就齐声叫着“爷爷”，还先后说着：“人人都说你是爱民如子，包公再世，难道你也不分青白，看小人含冤而死吗？”“你要是屈斩良民，还算什么清官，算得什么爱民呢？”对于这位况爷爷来说，这些话实在是够尖锐的，难怪差役们要吆喝了，况钟却连忙阻止，并且耐性地盘问下去。一场冤狱至此才峰回路转，这一对青年男女的身上，重新爆出了生命的火星。

过于执以三木之下，“不消三言两语，被我判得清清楚楚，明明白白”而哈哈大笑，引为得意；况钟却在发现案情的蹊跷后，让犯人喊冤申诉，这就是两个“民之父母”对待人民死活的态度。这一差别，和两人的官位、学问没有多大的关系。

过于执是不是认输了呢？在开始审问苏、熊时，由于两人嫌疑确实重大，他尚有可以坚持的理由，但后来况钟和他同到现场，况钟已发现许多破绽，并且一再向他暗示，他却带着情绪和况钟抬杠，如况钟发现娄阿鼠遗落的骰子要深究，他却讽刺说：“深究此物枉费心肠。”过于执要是真肯认输，这时候应该开始清醒了。

估计要过于执认输是不大容易的，因为他不相信自己办的案件有什么错；过去既然没有错，现在自然也没有错了。从这一点说开去，我倒觉得那位周忱也有可取之处，因为他起先虽十分固执蛮横，“绝难从命”，最后还是给况钟宽限数月，前往苏州、无锡去调查，且不管他主观动机是怎样，要是他固执到底，或者唤一个驯顺的官员去监斩，以他当时的职权，未尝不可以这样做，而且仅凭况钟嘴里说的这些理由，就停斩在刑场上的罪犯，也有使他冒风险之处。他说的“本院呵！一生唯谨，从来不是违常规”，那也是老实话。他如果不让况钟复查，照原判执行，即使事后查明昭雪，可是这一对青年男女已人头落地，再也受不到大明朝的阳光雨露了。

然而不管周忱答应况钟也好，况钟接受苏、熊的鸣冤也好，说到底，还是建立在人治的基础上：一个已经定了案的案件，可以因一个地方官吏（而且仅仅是监斩官）的意志来改变。相对说来，过于执办理此案，倒是经过形式上的三推六问的，结果却以人治的手段来平反。这正是一个十分尖锐的讽刺。

李东阳《题清明上河图》质疑

关于张择端的《清明上河图》，论者已多，最近因在选注《明诗三百首》，选录了李东阳《题清明上河图》七古，因而涉猎了若干资料，对李氏家藏的这幅《上河图》的真伪，不无疑问。

李氏原诗中有这样几句话："翰林画史张择端，研朱吮墨镂心肝……朔风卷地天雨沙（指靖康之变），此图此景复谁家？家藏私印屡易主，赢得风流后代夸。姓名不入宣和谱，翰墨流传藉吾祖。"

张图原有真伪二本，据说真迹曾落南宋贾似道之手，明清两代皆入内府。李诗中的"吾祖"，为东阳的族高祖，号希蘧，又号危行翁，于元代曾任江浙儒学副提举，丧母后即归居故乡茶陵，不再出仕，是否能得到张氏真本？都穆《寓意编》记东阳对家藏此图，颇为珍重得意，并命穆品评[1]。田艺蘅《留青日札》，记明

[1] 此据《明诗纪事》所引，《学海类编》本《寓意编》无此文，《纪事》所引者或托名都穆。

代有人以千二百金购此图，也只是赝本，说明此图赝本或不止一本。钱谦益《初学集》卷八十五《记清明上河图卷》云：“嘉禾谭梁生携《清明上河图》过长安（指北京）中，云此张择端真本也。”下文就该图题诗及跋文年份诸点，颇致怀疑，并有考析，末云：“此卷向在李长沙家，流传吴中，卒为袁州（指严嵩）所钩致。袁州籍没后，已归御府，今何自复流传人间？书之以求正于博雅君子。”钱文作于天启二年，虽没有说李东阳家藏者为赝本，但怀疑御府藏之图何以流传人间，疑得很有道理。谭梁生所得者如非真本，等于否定李氏家藏者为真本。

清孙承泽《庚子销夏记》卷八：“《上河图》乃南宋人追忆故京之盛而写清明繁盛之景也。传世者不一而足，以张择端为佳。上有宣和（宋徽宗年号）、天历（元文宗年号）等玺。予于淄川士大夫家见之。宋人云：京师杂卖铺每《上河图》一卷，定价一金。所作大小繁简不一，大约多画院中人为之。若择端之笔，非画院人能及也。”这里所谓“画院中人”者，实含画匠之意，而界画最初本出于工匠。文嘉《钤山堂书画记》记此图云：“然所画皆舟车城郭桥梁市廛之景，亦宋之寻常画耳（描写城乡的社会风俗是宋代绘画一大特点），无高古气也。”《上河图》的特色是表现当时真实的生活内容，以高古、气韵来要求，评价自然不会高。

张择端在宋代画家中并不享名，所以他的生平也不甚了解，但比起杂卖铺中的那些画匠来，却要高明得多。总之，当时民间之购《上河图》，也像现代之购年画一样，已成一种风俗，也许在相国寺的摊头上就可买到，也是画院中人的副业。颇疑择端本亦民间画家，后被识拔入内廷，南渡后至杭州，或有故国之慨，如孟元老之作《东京梦华录》。

李东阳的族祖为元代人，所得者当是南宋人甚至元人模拟之本，东阳以上代遗藏之物，故亦特别珍护，此中亦有感情上的因素。

秋柳诗话

秋柳是一个熟题，历代吟咏的很多。王士祯曾经写过几首律诗，很自负，但和明初高启的七绝《秋柳》比较，神韵就差些。高诗云："欲挽长条已不堪，都门无复旧毵毵。此时愁杀桓司马，暮雨秋风满汉南。"高诗音节浏亮，此诗即其一例，但要赏玩此诗神味，必须先明其本事。本事出于《晋书·桓温传》："温自江陵北伐，行经金城，见少为琅邪时所种柳皆已十围，慨然曰：'木犹如此，人何以堪？'攀枝执条，泫然流涕。"金城在今上元县北境，旧属江宁府，琅邪为东晋侨置之郡，也在南京市之南，桓温曾镇守于此。南北朝时以大将军、大司马为"二大"。桓温先任大将军，后任大司马，先后集"二大"于一身。他这两句话本身即颇有诗情，六朝人物，毕竟吐属风流，故《世说新语》入《言语》篇，或亦有怀于《诗经·采薇》的"昔我往矣，杨柳依依"的好辞之故。按照《晋书》记载，桓温自江陵北伐，高启诗以汉南应之，原很妥帖，可是略经思索，不免有了疑问：桓温既从江陵（今属湖北）北伐，为什么还要迂道江南金城？行军万无此理。

原来唐人所修的《晋书》，是根据《世说》的："桓公北征，经金城……"《世说》中并无"江陵"二字。这样，由建康经金城，见从前在琅邪时所种之柳而兴慨，地理上完全符合了。

那么，这"江陵"二字，是不是《晋书》编修者妄加的呢？倒也不是。推其致误之由，当因庾信《枯树赋》结尾有这样几句话："桓大司马闻而叹曰：'昔年移柳，依依汉南。今看摇落，凄怆江潭。树犹如此，人何以堪。'"因而疑金城为汉南地（此据钱大昕《廿二史考异》中《晋书》卷）。但诗赋允许联想，允许浮动跳跃，修史必须力求真实，不能以意为之。

桓温北伐，前后共两次，一为晋穆帝永和十二年（356年）北伐姚秦，一为晋废帝司马奕太和四年（369年）发姑熟赴广陵而伐燕，金城为必经之路，其时桓大司马将近六十岁，攀枝流涕，感叹今昔，当在此时。《晋书》误系此事于永和十二年。余嘉锡《世说新语笺疏》云："嘉锡以为：此非独唐修《晋书》之误。其先盖亦有所承也。何以言之？《建康实录》自卷五至卷十，皆叙东晋之事，与今《晋书》异同极夥，不知本之何家。其卷九《桓温附传》'寻又北伐，经金城'云云，虽不言自江陵北伐，然叙在大破姚襄于伊水之前，与今《晋书》合。此必臧荣绪诸家有采用《世说》，而误以金城为在汉南者，故庾信摭以入赋。唐修《晋书》又因袭之耳。赋家固多寓言，亦何必悠谬其词，移之千里哉！"余氏著作，多所发覆，较钱大昕之考异，又进一层了。

陈老莲的诗画

浙江诸暨，因有五泄瀑布的名胜，又是西施的故乡，近年来成为东南旅游的热点。在元末和明末，还出了三个著名的遗民，一是吹铁笛的诗人杨维桢，一是《儒林外史》第一回中写的看牛的王冕，一是畸士陈洪绶（字章侯），世称陈老莲，王、陈又是名画家，知堂称老莲为“长头人”，也有人称为晚明变形主义杰出代表，他的画派曾下及山阴的“三任”。

早年读张岱《陶庵梦忆·水浒牌》云：“古貌古服，古兜鍪，古铠胄，古器械，章侯自写其所学所问已耳，而辄呼之曰宋江，曰吴用，而宋江、吴用亦无不应者，以英雄忠义之气，郁郁芊芊，积于笔墨间也……遂使宋江兄弟，复睹汉官威仪。”陶庵与老莲都是身经甲申之变的遗民，遗民必怀旧吊古，爱慕反抗朝廷的草泽英雄。诸暨旧属绍兴府，所以与张岱也算是同乡，又都有遗民的倔强怪异的特点。

从前，从坊间买到老莲的《水浒叶子》，果然一见倾心，须眉之间，即见个性，图板上的举手投足，就感到有纵横驰突之势；画家只是借宋江、吴用等形象，倾泻自己胸中郁积的“汉官威仪”。两人又各有赞语，如张赞宋江云：“忠义满胸，机械满胸。”陈云：“刀笔小吏，尔乃好义。”张赞李逵云：“面如铁，性如火，打东京，只两斧。”陈云：“杀四虎，奚足闻？悔不杀，封使君。”张赞林冲云：“小夺泊，唐之李郭。”陈云：“美色不可以保身，利器不可以示人。”三言两语中，看得出孤臣孽子的慷慨歌呼的激情。郑西谛先生《劫中得书记》记他于抱经堂得陈章侯《水浒叶子》云：“持书而归，喜悦无艺。胸膈不饭而饱满，陶醉若饮醴酒。求之廿载，而获之一旦，诚堪自庆也……大抵老莲画之刊木者，当叹观止，且尽于斯矣。”《西谛书目》艺术类有明末刊本《水浒叶子》一卷，当即此卷。赵翼《陔余丛考》卷三三记云：“纸牌之戏，唐已有之。今之以《水浒传》人分配者，盖沿其式而易其名耳。”则老莲所画者原为纸牌，所以张岱叫水浒牌。

由《水浒叶子》又使我很想得到老莲的文集，我知道他著有《宝纶堂集》，但不易获得，《西谛书目》所载的也只有光绪活字印本，且只存一册。不想去年浙江古籍出版社却出版了《陈洪绶集》，共十卷，并有拾遗及附录。陈诗在明诗中的成就并不高，但真率而有拙趣，如《京邸除夕书示三表叔》云：“黄鸡碧酒拥寒炉，湖海相逢度岁除。但愿明年吉祥事，各人多读数行书。”此诗作于崇祯中，实是不祥的年代，故有此心愿。《雨中读书》颔联云：“十年有恨千秋业，一日无书百岁殇。”这当是明亡后作，仍是遗民未了之情；下句意谓，人如果一天不读书，活到一百岁仍是短命人。《失题》云：“桃花马上董飞仙，自剪生绡乞画莲。好事日多常记得，庚申三月岳坟前。”朱彝尊《明诗综》所收者仅此一首。章侯爱莲，故自号老莲。诗题一作《赠走解女人》，即江湖间马上献技的女人。庚申为万历四十八年，老莲二十三岁。《梅雨》云：“枫溪梅雨山楼醉，竹坞茶香佛屋眠。得福不知今日想，神宗皇帝太平年。”[1]老莲生于万历二十七年（1599年），其时政局虽很腐败，尚无大乱，比起天启、崇祯两朝来，倒觉得万历朝是太平年了。《失题》云：“真是深山古木平，十余年里几回行。山名每问无人识，木石原来能避名。”能于常事中讽世情。另有一首《失题》七律的颔联云：“不死如何销岁月，聊生况复减青春。”我是常常默诵，却苦于无法解脱。《雨夜怀亡室》云：“嗟侬自处曲房中，忍尔魂栖小苑东。今夜可怜倍时夜，三更骤雨五更风。”与一般的风雨怀人自又不同。附录中尚有一对联：“何以至今心愈小；只因已往事皆非。”亦复隽妙。

老莲晚年所居为山阴徐文长青藤书屋，清会稽人孟远记老莲临终时情状，有“一日趺坐床箦，瞑目欲逝，子妇环哭”云云，但邓之诚《清诗纪事初编》卷六，有丁耀亢《哀浙士陈章侯》诗云：“到处看君图画游，每从兰社问陈侯。西湖未隐林逋鹤，北海难同郭太舟。敲就三挝仍作赋，名高百尺莫登楼。惊看溺影山鸡舞（比喻顾影自怜），始信才多不自谋。”耀亢字野鹤，曾作《续金瓶梅》。题下原注云：“时有黄祖之祸。”黄祖为江夏太守时，曾杀狂士祢衡，似老莲曾为清之地方武臣所杀。邓氏加案语云：“案

[1] 徐世昌《晚晴簃诗汇·诗话》引王士祯《感旧集》云：“神宗皇帝太平年，可以怨矣。”

此诗作于顺治九年，陈洪绶以不良死，他书不及。”他书所记者，皆云老莲病没于乡里。老莲《寄来鬌》之二云：“萧山想绝旧亲情，还想湘湖雉尾莼。明岁有期今岁往，老迟五十二年人。”陶元藻《凫亭诗话》：“（陈章侯）与毛西河约某时过萧山相访，而以年暮畏死，先期而至，曾赋诗云云，此诗见西河与周栎园书。”[1] 老莲卒年为五十三，亦与所记相合。全祖望题老莲画亦有“酒阑午夜梦魂醒，翩然而逝疑飞越”句。丁耀亢之言，当为传闻之讹。

[1] 老迟，老莲晚年自号悔迟。《凫亭诗话》语引自《清诗纪事》第一册。

陈子龙与明末诗坛

陈子龙是明末诗坛才大思健的一位高手，也结束了明一代诗歌之局。他赠桐城方密之（以智）诗云："颇厌人间枯槁句，裁云剪月画三秋。"他在自撰年谱中说："予时为文，颇尚瑰丽横决。"都说明他对诗文的色泽词采颇为重视。他的七律，高华宏润，与吴伟业有一时瑜亮之称。

崇祯六年在故乡松江时，曾作《秋夕沉雨，燕又、让木集杨姬馆中，自言愁病殊甚，而余三人皆有微病不能饮也》的七律云："一夜凄风到绮疏，孤灯滟滟帐还虚。冷蛩啼雨停声后，寒蕊浮香见影初。有药未能仙弄玉，无情何得病相如。人间愁绪知多少，偏入秋来遣示余。"燕又指彭宾，让木指宋征璧，都是陈子龙同乡。杨姬即柳如是。当时作者二十岁，柳如是十六岁。不久，即北行应试。

又作七古《秋潭曲》，诗前有"偕燕又、让木集西潭舟中作"语。秋潭即白龙潭，在松江谷阳门外。诗中有云："摘取霞文裁凤纸，春蚕小字投秋水。"《陈子龙诗集》此诗前有王昶案语云"（宋征璧）《抱真堂集》：宋子与大樽（子龙）泛于秋塘，坐有校书，出所寿陈征君诗，有‘李卫学书称弟子[1]，东方大隐号先生’之句，后称柳夫人，有盛名。”则柳如是又工书法。陈征君（隐士、布衣的敬称）指陈继儒（眉公），为子龙乡前辈。子龙与如是而赋，子龙北行时，如是作《送别》诗云：“念子久无际，兼时离思侵。不自识愁量，何期得澹心。要语临歧发，行波托体沉。从今互为意，结想自然深。”于此亦可略见陈、柳之间的深情，与河东君之风流文采。子龙为抗清节士，牧斋为降清贰臣，柳如是本人的先后际会，即富有鼎革之际的历史色彩。

国变以后，子龙所作，多悲歌慷慨，但犹嫌沉郁不足，他有一首七古《明妃篇》，中有云：“竟宁年中宾北国，诏选人才归绝域。胡儿已失燕支山，汉家何惜倾城色。明妃慷慨自请行，一代红颜一掷轻。薄命不曾陪凤辇，娇姿还欲擅龙城。诏赐临行建章宴，顾影徘徊光汉殿。单于亲御六萌车，侍女犹遮九华扇。一曲琵琶马上悲，紫台青海日凄其。当年应悔轻相弃（指弃别汉宫），深愧君王杀画师。”其中“一代红颜”二句，李雯读后，感慨流涕，因其时李雯已至北京仕清。

历来咏昭君诗，大多对她同情哀怜，此诗则于结尾另出新意。王昶案语云：“是诗似为当时之不得志者而作，故借明妃言之。言女不可以不见御而易其心，犹士不可以不见知而变其节也。”说得亦对。若然此结语，则亦诗家咏明妃的常语。

顺治二年，清兵进松江，夏允彝（完淳之父）屏居横云山，

---

[1] 卫夫人为著名女书法家，李矩之妻，故此处称“李卫”。

不剃发。提督李成栋使人请之出，且将荐于朝，不从就杀。允彝于冠带后，怀石沉于嵩塘而死。子龙与允彝订交于天启五年，并共创几社。子龙乃作《会葬夏瑗公》云："二十年来金石期，谊兼师友独追随。冠裳北阙同游日，风雨西窗起舞时。志在《春秋》真不爽，行成忠孝更何疑？自伤旧约惭婴杵，未敢题君堕泪碑。"

允彝长子龙十二岁，会试时二人皆列三甲，故次句有师友语，用李商隐《哭刘蕡》"平生风义兼师友，不敢同君哭寝门"句意。"志在"句指孔子作《春秋》志在尊王攘夷，这里指扶明反清。允彝中进士后，明廷将特擢，因遭母丧而未用。福王立，又欲擢任，他疏请终制。后有人劾他举丧任职为非制，其实未曾赴官。这是因他曾为东林党人，故意借此贬损，子龙亦有意以"孝"表彰之。第七句用公孙杵臼、程婴保全赵氏孤儿典。杵臼为此丧生，比喻允彝之殉节，程婴亦忍辱负重，子龙自感对婴、杵皆有惭色。

此诗作于顺治四年三月。同年五月，子龙为清之官吏拘于舟中，乘守者之懈，猝起投水死。后来允彝之子完淳，曾作《细林野哭》悼之。

后人对子龙诗所以刮目相看者，诗本身的成就固为主要因素，同时亦因其求仁沧波，志行激越，明清易代之际的若干剧变，即可在他诗中探索得之。

告密老手汤裱褙

严嵩父子是中国历史上的超级豪门，我们从《天水冰山录》中记载的严门搜括的金银财宝清册看，实在令人吃惊，其中纯金器皿就有三千一百八十五件，重一万一千余两，耳环耳坠就有二百六十七双，连扇柄都多到二万七千三百零八把。

严嵩于明世宗嘉靖二十一年（1542年）八月拜武英殿大学士，前后任相二十年，比李林甫之受宠于唐玄宗还多一年。明代是中国官僚制度烂熟时期，严嵩长期弄权，正是这种制度的必然结果，也是由此而滋生的溃疡。谷应泰在《明史记事本末》卷五十四中，有一段很精辟的分析，认为严嵩之受宠信，主要因为他的柔媚，以致使世宗觉得“嵩之曲谨，有如飞鸟依人”；所以逢到言官的奏劾严嵩，“微特讦嵩，且似污帝。帝怒不解，嵩宠日固矣……猜忌之主，喜用柔媚之臣。理有固然，无足怪者”。这是说，臣下越恨严嵩，世宗便越宠严嵩。

在世宗宠信下，一个四通八达的庞大的严氏集团形成了。不但有义子赵文华，还有以白金饰便壶、坐着十二女子所抬的彩轿去上班的鄢懋卿，以粉墨涂面供欢笑的白启常，以及性极黠恶，“士大夫竞称萼山先生者”的家奴严年（俱见《明史·奸臣传》）。严门，实际是丑恶的集中。

然而人民痛恨严门，诅咒严门。后来的舞台上，就有好些以严氏父子恶行为题材的戏剧演出，如茅盾先生在《马伶》一文中谈到的传奇《鸣凤记》，近几十年来，常演的有京剧《审头刺汤》和《打严嵩》、越剧《盘夫索夫》等。其中《审头刺汤》一出，经过南北两大演员周信芳先生、马连良先生的主演，更加有口皆碑。

《审头刺汤》是全部《一捧雪》的后半部，主要角色是生角陆炳、旦角雪艳、丑角汤勤。这里面，汤勤一角就令人有音容宛在，似曾相识之感。新中国成立后，周先生演《一捧雪》时，还特地请江南名丑刘斌昆先生陪演。

戏剧是现实的反映，又是历史的补充。汤勤在正史上虽未见记载，明清人的笔记中却曾谈到。后人一提起汤裱褙，就会嗤之以鼻。《天水冰山录》中所载的严门那些文物，有些想必是经汤勤那样的清客巧取豪夺而得。顾公燮《消夏闲记摘抄》中曾记王忬（王世贞父）将《清明上河图》赝作献与严世蕃后，“汤在侧谓世蕃曰：此图某所目睹，是卷非真者，试观麻雀小脚而踏二瓦角，即此便知其为伪矣”。徐树丕的《识小录》则云：“余闻之先人曰：《清明上河图》皆寸马豆人，中有四人樗蒲，五子皆六而一犹旋转，其人张口呼六（意即希望六颗骰子是全红）。汤裱褙曰：汴人呼六当撮口，而今张口是采闽音也。以是识其伪……近有传奇《一捧雪》，亦此类也。”这些记载，固如徐氏所说，“疑好事者伪为之”，但说明当时汤裱褙已成为传说人物，也是剧中识别人头之所本。其次，顾、徐两书中所写的汤裱褙故事，一面刻画他鉴别力之精细，真个到了明察秋毫的地步，一面又体现出他性格上的机警灵敏，近于“萼山先生”的狡黠了。“黠”是含有贬义的聪明，故常“黠慧”或“狡黠”连书。古人所谓“才足以济恶”，顾、徐笔下的汤裱褙，庶几可以当之无愧。

从史料回到戏剧，这里就着重谈谈舞台上的汤勤。

京剧《一捧雪》以清人李玉同名传奇为蓝本。这两种剧本目前都还容易得到，但对照之下，虽还看得出所谓雅部、花部之别，但论起生动、紧凑、精致，京剧却自有其特色，特别是《审头刺汤》一折，更大大地丰富了汤勤这一角色的性格，再通过舞台的实践，又把汤勤的形象塑造得典型化了。

汤勤本是一个市井浪子，后来落魄钱塘，遇到了当地乡绅莫怀古。莫好附庸风雅，汤则小有才，卖画之外，还能自裱，便像《大名府》中的李固那样为莫收留。不久，严世蕃因与莫怀古是“两世故交”，便邀莫入京，原想给莫补官。到京后，莫为了讨好严，就将汤“奉送”与严门。从此，莫家的灾难就接踵而来，大狱就跟着而起。

山海关地方官向严世蕃进赠一只玉杯，汤勤便向世蕃告密，说是此杯非好宝，莫家收藏的那只“一捧雪”，才“比它还胜百倍”。又自告奋勇，代严向莫“借杯”（实即勒索）。莫舍不得，便另外仿造一只给世蕃。世蕃被瞒过了，莫自己却在醉后向汤泄露，还讥笑汤“失眼力”。他没有意识到汤这时已是严门的人了，怀古的老仆莫成闻言连忙阻止，也已来不及了。汤勤又立即向世蕃告密，说这只玉杯不是真的。世蕃大怒，亲去搜查，这时真杯却已被莫成转移，也就搜不着了。世蕃是严嵩的儿子，严嵩当时的权势又是一人之下，那么，欺瞒严门，岂非等于欺君？欺君是有罪的，何况汤勤又从旁撺掇，火上浇油，把昨天的恩人看作了今天的仇人，非置莫怀古于死地不可。但这时怀古已经逃走了，汤勤就唆使世蕃一定要“斩头解京”。等到人头解到后，汤勤又告密说：“莫大老爷头上有梅花额，后有三台骨。这头没有这样贵处，乃是假的（实是莫成的头）。”又因汤勤原是随怀古一同进京，“同盆洗脸，同架穿衣”，他这样说，分明是活材料了，也不由世蕃不信。

接着，由锦衣卫的陆炳审问人头，汤勤在旁监视着，他还是一口咬定：“前有梅花额，后有三台骨。”人头是假的。

不料几经周旋之后，汤勤忽然说人头是真的了！

为什么同是一张汤勤的嘴，前后截然相反？原来怀古之妾雪艳，这时因牵累被拘押，汤勤想占有她，雪艳便将计就计，用话来逗引汤勤：“呀！汤老爷，自那日在钱塘上船时节，你搀我一把，我心中就有了你。”汤勤一听，也就“人头是假也是真”了，好让此案赶快了结。陆炳假意以媒人自居，答应将雪艳配与汤勤，汤勤连忙说：“哎呀大人，你真乃重生父母，再造爹娘。”

如此精刮、狡黠、狠毒的汤裱褙在美色面前，他却真的智昏了。他没有想到，在烛影摇红的“洞房”中，雪艳能满足他的，却是她怀中的匕首。

看完全剧，首先想到的是，莫成的替主，并不使我们感动；汤勤的卖主，却实在使我们毛骨悚然。“戏场小天地，天地大戏场”，观于舞台上的汤勤而尤信。

就从唐宋的参军戏说起，小丑一角，一向是舞台上最活跃最有生命力的艺术形象，几乎所有的戏里都少不了他们。感谢千百年来的丑角演员们，为我们揭开了一个这么广阔的小丑的大千世界。且不要小觑这鼻子上的一抹粉白，它曾经掀起尘海的多少波澜，平添世途的多少曲境。这一抹粉白，又渗透了多少人间涕泪。总而言之，寂寞的人间依靠他们才变得热闹了。

汤勤在丑角中属于袍带丑，并不是以恶棍出现。活着的汤勤，应当是永远微笑着。看到汤勤也使人想起《群英会》中的蒋干。汤勤是清客，蒋干是策士，两者都是踱方步、出点子的角色，但蒋干似乎比汤勤高级一些。他是曹操的智囊，又自恃与周瑜的同窗之谊去游说东吴，结果却送了曹营两员大将的命。然而蒋干的偾事辱命，还可以从善意上来谅解，他没有估计到，这一点聪明周瑜早已超过了他。比起汤勤，蒋干毕竟还有可笑而又可爱的地方，我以为。

汤勤就不同，他连一点可笑的因素也不存在。外表上，他也是那么文质彬彬、温良恭顺，但他的一声咳嗽、半丝笑容，不是使人莫测高深，就是使人如芒在背。构成他整个灵魂的是二分奴性，一分兽性。全剧共三十一场，从第二场的大街卖画起，他的灵魂世界就密密地萦现在线上了。

看了戏的第二个感想是，占有欲实在是一种可怕的冲动。严世蕃想占有莫怀古的玉杯，汤勤想占有莫怀古的美妾，就把莫家弄得家破人亡，而玉杯和雪艳，果真到了严、汤两人之手，也无非玩玩而已。

莫怀古进京时，只带两人，就是“外带汤勤，内带雪艳”，可见怀古对汤勤是十分信重的。到京之后，又将他送与世蕃，在怀古固是为了巴结权门，对汤勤却等于让他跳进龙门。怀古之进京，原是应世蕃之邀，这又见得，世蕃起先并无杀怀古之意，倘非汤勤的告密，怀古也可平安无事。戏里处处写世蕃的颟顸而又宽厚，例如汤勤向世蕃告密说玉杯非真，世蕃反而疑心他“来到老夫面前搬舌，失我两世交谊”。汤勤要世蕃拿获怀古斩头解京，世蕃觉得太重了，汤勤就说：“是他自作自受，那个害他不成？”汤勤想到怀古的钱塘家里还有大妇和儿子，要世蕃斩草除根，世蕃说“有道罪不及全家”，汤勤又说是“自找其罪”。汤裱褙就是这样一堑又一堑地进袭着严大人的心堂，大花脸于是被小花脸牵着走。戏的精彩就在于此。这并非在饶恕大花脸，却是剧作者侧过他的巧手，一鞭一鞭抽挞汤勤之魂。说实在的，汤勤本人没有刀，他要杀人，还是要借藏在严府中的刀，然后通过帮闲到帮凶，可以平步青云地从小花脸高升到大花脸。

汤勤之为人，可以用陆炳两句话来概括：“又道人头是真，又道人头是假。”这是从汤勤的灵魂世界里提炼出来的警句，在汤勤的心中，天地间既不存在真实，也无所谓虚假。真真假假，全凭他一句话。陆炳供职的锦衣卫，原是一个密探机构，他见过的五光十色的人多极了，所谓“人之情伪，尽知之矣”，故而对汤勤能有此悟道之言。

陆炳在历史上实有其人，他起先也交结严门，作威作福，故张廷玉《明史》入《佞幸传》，傅维鳞《明书》虽也有《佞幸传》，却把他列入《残酷传》中，即因他曾踞锦衣卫要津，但在《审头刺汤》中却以仗义的正面人物出现。这原因，一是如《明史》所说，当时明世宗“数起大狱，炳多所保全，折节士大夫，未尝构陷一人，以故朝士多称之者”。二是明代锦衣卫以生杀之权自专，根本不把三法司放在眼里，因而像汤勤那样的严门宠儿，也敢于和他顶撞，如同《法门寺》中的刘瑾，他敢于在佛殿上摘掉昏官赵廉的纱帽，也因他把持东西两厂的大权，又挟太后以号令地方官。故写陆炳之断此案，实是写锦衣卫的威风，就像他所说，“此乃锦衣卫大堂，岂容你絮絮叨叨？”陆炳所以有恃无恐者在此，戏剧的作者只是随手拉来，以发泄对汤裱褙的憎恨。

《醒世姻缘传》作者非蒲松龄说

《醒世姻缘传》的作者是蒲松龄之说，最初见于清人杨复吉的《梦阑琐笔》：

蒲留仙《聊斋志异》脱稿后，百年无人任剞劂。乾隆乙酉、丙戌，楚中浙中同时授梓。楚本为王令君某，浙本为赵太守起杲所刊。鲍以文云：留仙尚有《醒世姻缘》小说，盖实有所指。书成，为其家所讦，至褫其衿，易箦时自知其托生之所，后登乙榜而终[1]（留仙后身平阳徐昆字后山，登乡榜，撰有《柳崖外编》，亦以文云）。岁庚子，赵太守之子曾与留仙孙某遇于棘闱，备言其故。

[1] 据乾隆五十六年李金枝《柳崖外编序》所记，这话是他老友任子健说的（见《读聊斋杂说》）。因为徐昆是“登乡榜”，便把蒲松龄也说成“登乙榜”。杨复吉和李金枝都是乾隆时人，可见距蒲氏之殁不到一百年，便有种种附会缠夹的传说了。

在亚东版的《醒世姻缘传》出版以前，这书很不容易见到，一般人无法就杨氏记载和《醒世姻缘传》的原文核实。丁日昌查禁的“淫词小说”目录中即无此书（内有《醒世奇书》一目，原注云：“即《空空幻》。”当非一书），鲁迅《中国小说史略》中也未列有专题。所以，如果没有胡适的那篇考证，读者即使读到杨氏的记载，也多是姑妄听之，不会从学术上予以认真的注意。

1933 年 1 月，亚东版的八册《醒世姻缘传》出版了，胡适特为此而写了考证及后记，共三万余言。文中提出七大论证，还自负地说，可以“给将来教授思想方法的人添一个有趣味的例子”。到了同年四月，此书即告再版。

胡适开始推测此书是蒲松龄作时，还没有看到《梦阑琐笔》，即是说，他并非看了杨文再去考证，而是先从《聊斋志异》的《江城》情节和《醒世姻缘传》情节有相似处，推测两书作者可能是同一个人。后来他看到邓之诚《骨董琐记》，里面果然有这样的记载，也难怪他“高兴得直跳起来”。隔了三年，罗尔纲又给胡适在《昭代丛书》中找到《梦阑琐笔》原文，才知道邓说的来源。加上一些其他的“内证”，使他的这篇考证，乍看也确有吸引力和说服力。自此，《醒世姻缘传》为蒲松龄之说，就颇为学术界所重视和采纳，例如 1979 年版《辞海》的《醒世姻缘传》条目下即说：“杨复吉《梦阑琐笔》谓作者为蒲松龄。”其实等于采取胡适之说。

但对胡适的论断也有表示异议的，以新中国成立后来说，就有：

1955 年《光明日报·文学遗产》第十七期上路大荒的《〈聊斋全集〉中的〈醒世姻缘〉与“鼓词集”的作者问题》一文；1962 年出版的《蒲松龄集》中，又有路先生的一篇《编订后记》，其中提到《醒世姻缘传》，也说“尚未能考定是否蒲氏撰作”。

1961 年《文学遗产》第三六五期上有王守义的《〈醒世姻缘〉的成书年代》一文。

1978 年人民文学出版社的《中国小说史》论及此书时，有云：“有人即据此断定为蒲松龄所著，但仍嫌论据不足。”这里的“有人”显指胡适，但论据如何不足，却没有说得具体。

我起先也相信胡适之说，最近偶与友人谈起，他却不同意，并以为此书是明人所作，而蒲松龄只能算是清人。于是我重新把此书看了一下，觉得友人的话是对的，并将阅读所得，试写此文。

胡适很重视“内证”，这在治学方法上自然是一个极重要的条件，即古人所谓“以史证史”。我们从此书本身所反映的种种特征看，尤其是作者潜意识里的东西，可以很有把握地说：此书实为明人写明事，而非清人蒲松龄所作。

蒲松龄生于崇祯十三年（1640 年），明亡于崇祯十七年（1644 年），即是说，他在明朝只生活了四五年，因而在入清后，连明朝的“遗少”也够不上。在《聊斋志异》中，他称清兵为“大兵”，而称明朝为“故明”或“明季”。他在四十一岁时，还写过《拟上谕儒臣纂修太祖高皇帝太宗文皇帝世祖章皇帝实录告成群臣进表》，表中的三个皇帝，即清太祖努尔哈赤、清太宗皇太极和清世祖福临。施琅攻下台湾时，又作《拟上简施琅为福建水师提督台湾荡平群臣谢表》，文中有“自谓险同剑阁，辄附井蛙之鸣；深逾澎湖，便骋黔驴之技”之语，他对明清两个政权的态度也明白可见，就是说，他是完全站在清朝立场而敌视象征明政权的郑氏父子的。在《蒲松龄集》中，这类歌功颂德的文字，就占了一定的篇幅。

但在《醒世姻缘传》的“引起”中，却有这样的话：“只因本朝正统（明英宗年号）年间，曾有人家一对夫妻。”这就是以明人自居了。第二十三回说：“况且去太祖高皇帝（指朱元璋）的时节刚刚六七十年，正是那淳庞朝气的时候，生出来的都是好人，夭折去的都是些丑驴歪货。”第二十七回说：“只从我太祖爷到天顺爷末年，这百年之内，在上的有那秉礼尚义的君子，在下又有那奉公守法的小人。”两相对照，就很难相信这竟是出于对清朝如此忠诚的蒲松龄之手。第八回写也先围困明英宗时，“真是亏不尽万神呵护，那箭似雨点般来，都落在正统爷面前，插在地下，半枝箭也不曾落在正统爷身上”。即此数语，就表现了作者强烈的感情色彩。又如第六十二回：“我朝戚太师降得那南倭北敌望影投魂”，而在蒲氏的俗曲《禳妒咒》中，却称为“当初明朝有一位戚继光戚老爷，是个挂印的总兵”。同一戚继光，一则称为“我朝”，一则称为“当初明朝”。《禳妒咒》即翻演《江城》故事。

感情是生活实践的结果，真的假的是容易看得出来的。如果在明代还只是一个五岁小孩的蒲松龄而对“故君故国”有如此深厚的感情，那么，他也不会到七十一岁再去做一个新朝的贡生，更不会写那么多歌功颂德的表章了。其次，如《醒世姻缘传》果为蒲氏所作，也应在康熙年间，这时正是文网森严之际，他不怕别人告发吗？第三十八回中，又有这样的话：“狄希陈第二个就点着他坐了‘玄’字八号。”第八十一回也说：“广读赵钱孙李，多描天地玄黄。”“玄”字皆不避清圣祖玄烨之讳，尤可证此书非康熙时人作，也非康熙时刻。若再往上推至顺治末年，则蒲氏只有二十二三岁，也不可能成此百万言之书。

我们可以承认，由于儒家思想的熏染，蒲氏可能有种族上的华夷之见，但并不影响他对清廷的忠诚。这种矛盾，在有清一代的居高位的大臣里，也是不乏其例的。

再举几个例子，第四十九回写老吴婆子的形状云："不是古时节佘太君的先锋，定是近日里秦良玉的上将。"秦良玉是晚明著名的女将，其活动在天启、崇祯间，曾抗击张献忠的大西军，第二回中也以"流贼也先"并提。秦死时年在七十左右。文中的"近日里"，实指作者生活着的时代，即秦以老妇而尚健在之时。第五十回云："如今同不得往年，行了条鞭之法，一切差徭不来骚扰；如今差徭烦、赋役重，马头库吏，大户收头，粘着些儿，立见倾家荡产。"这里的大户收头云云，王守义曾引《崇祯长编》三年四月所记河南巡抚范景文的奏疏证之，也是崇祯时事。文中的两称"如今"，并非为了行文之便，实是借小说中人物之口，表达他自己对当时政局的慨叹，而这时蒲松龄还没有出生。书中那种今不如昔之感时有流露，都说明正因他对明政权爱护之诚，故也慨叹之深。

蒲松龄一生，并未到过北京，但《醒世姻缘传》作者对北京的地理风土极为熟悉，连一些冷僻的所在也都有记述，如第五回写锦衣卫的位置、格局，第六十九回的"那可厌的情状，就如北京东江米巷那些卖褐子毡条的陕西人一般，又像北京西瓦厂墙底下的妓者一般，往街里死活拖人"，第七十回的"骑到太仆寺街四眼井旁边管东厂陈公外宅"，第七十五回写寄姐"见在翰林院门口西去第五六家路南居住，门口有个卖枣儿火烧的，便是他家"，第七十八回写北京皇姑寺的身价及其"放人烧香"的期限，甚至连小珍珠死后，叫四个花子将棺材"抬出彰义门外义冢内葬埋"

（第八十回）都写到。这些细节，决非光凭书本或传闻能够写出，只有在北京住过相当长时期的人，心里早有了谱，创作时才能不自觉地写了下来。

也许有人会说，蒲氏虽是清人，但他既写明事，自然要力求符合明朝的历史真实。但这种真实也有一定的限度，即不可能不露出清朝人的一些痕迹。现在我们遍览《醒世姻缘传》全书，却没有一点可以理解为有写清朝处。例如名为写宋代故事的《金瓶梅》，却处处反映明代的社会面貌，就因作者是明人。又如蒲氏《寒森曲》第一回云："话说元朝至正年间，有一件奇事，出在山东济南府新泰县。"济南在宋为府，在元为路，至明又改为府，清因之。曲的第八回云："后来商老爷升了尚书，大相公又中了进士，选了翰林。"这也是明清的官制。因此，这书若果为蒲氏所作，篇幅又如此巨大，必然会多少地反映出清人易代后带来的种种变化。

蒲松龄是当时士大夫中的下层，父亲是个商人，仕历简单，游踪不广，只做过幕客与塾师。《醒世姻缘传》中描写的若干场面，如大珰王振、陈增的出场，鲁王及其妃子的出场，以及锦衣卫的活动等，都不是单凭想象所能虚构，而是作者亲自接触过。作者的时代虽去王振等已远，但他和天启、崇祯时期的巨阉达官，必有交游，就像曹雪芹述曹氏接驾，写元妃省亲，都是有实生活作底子，蒲松龄却没有这些经历。

书中的人物，其用真姓名而生平可考的，有太监王振、金英、陈增，这三人皆见于《明史·宦官传》。金英是宣宗、英宗时人，曾理刑部、都察院狱囚，后以犯赃罪下狱。小说中称为金公，誉为"我朝第一个贤宦"（见十七回）。陈增为万历时矿税太监，小说中称陈公，《明史》说他“肆恶山东者十年”，小说中也写他向银匠童七勒索（第七十一回）。此外，据孙楷第致胡适长信中所说，第三十一回中的李粹然，是实有其人，为天启进士，曾任济南道等职。

再就《〈醒世姻缘传〉凡例》来看，第一条说：“本传晁源、狄宗羽、童姬、薛媪，皆非本姓，不欲以其实迹暴于人也。”第二条说：“本传凡懿行淑举皆用本名，至于荡检败德之夫，名姓皆从捏造。昭戒而隐恶，存事而晦人。”第五条说书中故事“不能尽芟傅会，然与凿空硬入者不无径庭”。第六条说：“本传间有事不同时，人相异地，第欲与于扢扬，不必病其牵合。”

这几条都很重要，实是告诉我们，此书虽以正统、成化为时代背景，但晁源、狄宗羽等人，却是作者同时代的熟人，只是不将他们的真姓名直接写出，故意将他们和王振等“牵合”在一起。正因为这样，一面却又留下“近日里秦良玉的上将”这类话。这种意识上的错综，反映了作者创作时的心理特征。如果是蒲松龄所作，则易代之后，即使写的是地方上的真人真事，也不应有此顾忌。

其他如称太监为老公、晁大舍的“大舍”之称，以及南京兵部尚书、辽东金伏海盖四卫、纳粟监生等，也都是明代的称谓，又如第七十一回童七对童奶奶说：“像奶奶这个刘六、刘七合齐彦明也不要你，恐怕你贼过界去了。”而《聊斋志异》的《野狗》篇中则云：“于七之乱，杀人如麻。”刘六、刘七、齐彦明都是明正德时中原反抗官府的起事者，于七是清顺治年间山东栖霞的起事者，在封建社会中都被贬称为“贼”，这也可为各自写其本朝史事之证。

作者对《三国演义》《水浒传》《西游记》及戏曲如《邯郸梦》等都看过，书中对《水浒传》故事尤屡屡引述，但在第三回中，却有两句可以注意的话：珍哥（晁大舍之妾。妇女名字用“哥”，也使我们想起那篇写海陵王的话本来）“又随即呕了一口，说道：‘这可是西门庆家潘金莲说的“三条腿的蟾希罕，两条腿的骚老婆子要千取万”。’”这里所谓潘金莲说的，并非《水浒传》中的潘金莲，倒像是《金瓶梅》中潘金莲已成为西门庆之妾的口吻，故云“西门庆家”。否则，当是当时上演的戏剧（或民间传说）中潘金莲的话。由此使我想起，这部长篇白话小说，也是万历以来那种社会风气和文艺思潮影响下的产物，都是以什么轮回、果报、醒世之类来掩护它们的秽墨（书中还提到以《如意君传》作脉枕）。

鲁迅《中国小说史略》的《金瓶梅》一段，目录中即以“明中叶方士文臣以献方药得幸之影响于小说”为题，正文中有云：“风气既变，并及文林，故自方士进用以来，方药盛，妖心兴，而小说亦多神魔之谈，且每叙床笫之事也。”又云：至于末流，“又越常情，如有狂疾”。而《醒世姻缘传》中也有服方药的描写，某些人物也都有变态的心理。鲁迅曾把《金瓶梅》列为“明之人情小说”。《醒世姻缘传》实也属于这一体系，即是描写明代社会生活及各阶层人物的精神面貌的作品。

此书的成书年代，我起先看了书中描写的王振擅权逞威，苏、柳二锦衣向他“一连磕了八个头，口称愿祖爷爷九千岁”（第五回），以及作者对王振的痛恨，如第八回说的“大小诸人恨不得灭了王振一万族才好”这种种情节，疑心是魏忠贤乱政时写的，即以王振影射魏忠贤，因而定为天启时所作。后来看了王守义的文章，他定为崇祯时作，并举出因避明思宗朱由检讳，改“搜检”为“搜简”，“检校”和“巡检”为“简校”和“巡简”为例，认为应是崇祯时作。孙楷第也说“其著书时代至早不得过崇祯”。这些意见都很对，但王先生又说：“其最初刻本当在顺治初年……从小说内容也可以窥见作者在付刻之前作过局部修改，把‘奴’‘虏’等字删去，以‘也先’代替了‘鞑子’，以‘王振’代替了‘魏忠贤’。”这是说，作者原文应是写魏忠贤与鞑子，后来清刻本因忌讳而改鞑子为也先，魏忠贤也只得改为王振了。这说法似乎还可商榷，因为全书写到的有关王振的活动不止一二处，有几处占的篇幅还很大，要改牵动就很大，因而不是付刻之前局部修改所能解决，所以，王振与也先应是作者的原来计划。再则此书文笔颇多夸张处，而从所写王振的气派看，以此拟之魏忠贤，则还不够淋漓，即和魏忠贤当时飞扬跋扈的气焰不相称。凡例中的事不同时，人相异地，不必病其牵合云云，当是指将王振等与晁源等“牵合”在一起的原因。大概从明太祖至英宗这几朝，是作者特别有感情的，所以第二十七回中也特加颂扬（见上引）。

作者西周生的署名问题，本来是个难案，但在第二十六回中，有这样几句话：“这明水镇的地方，若依了数十年先，或者不敢比得唐、虞，断亦不亚西周的风景。”下面即慨叹那地方世风不古，“那还似旧日的半分明水”！明水镇在山东章丘县南，为通淄川要道，这似乎也可使我们明白，作者所以托名西周生，也即在暗示读者：他是一个章丘人。作者以此署名，正透露他对乡土的深情。孙楷第在长信中说：“以所说皆章丘、淄川事证之，知作者为淄川或章丘人。”其实干脆可以肯定为章丘人。这一点非常重要，不是仅仅探索一个小说家的原籍问题，而是判断《醒世姻缘传》是否为淄川人蒲松龄所作的一个关键。孙先生又说："因地域时代相当，以为蒲留仙作，颇有可能性，否亦必为明清季［间］章丘人或淄川人所作。"似孙先生也并不完全肯定为蒲松龄作。总之，只要承认此书为明末甚或清顺治时人所作，就可以完全推翻作者是蒲松龄的结论。因为到了顺治末年（十八年），蒲松龄还只有二十二岁；要写出那样百万字的作品，显然是不可能的。

另外，还可举出一些例证。

（一）鲁迅在1924年致钱玄同信中说："此皆名《醒世姻缘》者也。若夫明板，则吾闻其语矣，而未见其书也；假其有之，或遂即尚称《恶姻缘》者也乎哉（《鲁迅书信集》上卷）？"此书可能没有明刻本，据王守义推断："其最初刻本当在顺治初年。"即使再推迟几年，则刻书时蒲松龄也不过十余岁。

（二）孙楷第《中国通俗小说书目》卷七列有《醒世姻缘传》一目及说明，内注："日本享保十三年（清雍正六年）《舶载书目》已有《醒世姻缘》，所记序、跋、凡例与今通行本全同，则是书刊行至迟亦在雍正六年以前矣。"

蒲松龄写《聊斋志异》，曾花了数十年的时间，今存较早的本子为乾隆十六年铸雪斋抄本。《醒世姻缘传》多至一百万字，如果按照胡适的说法，还是先有《聊斋志异》的《江城》等篇而后有《醒世姻缘传》，又如何有此精力和时间来完成这部巨构，而且在雍正六年时国外的日本书目中已能列入了？只有假设为明末清初时的刻本，才能于雍正六年前流传到了日本。

（三）前引《梦阑琐笔》中的记载，它的实质性的话，只有"留仙尚有《醒世姻缘》小说，盖实有所指”两句，其余不是与事实不符，便是怪诞之说，如说“至褫其衿”，这句话也不知应如何理解？当是因争吵而将他的衣襟也拉破了，略近于“扭送”之意。若作剥夺他的功名解，则非光凭某些人的意气所能擅自处分，与下面的“登乙榜（中举人）而终”也相矛盾。蒲松龄最终只是一个贡生，也并未“登乙榜”。其次，鲍廷博（字以文，即知不足斋主人）本人，曾写过《青本〈聊斋志异〉纪事》，文中也记蒲松龄逝世前后琐事，也有稍涉怪异处，却无一语提到作过《醒世姻缘传》的事。松龄子蒲箬曾写过《柳泉公行述》及《祭父文》，两文中举了《志异》、通俗杂曲、《省身语录》《历字文》《农桑经》《日用俗字》，但对这部小说，连隐约之词也没有提到。路大荒也说：“《醒世姻缘》这部书未经胡适考定以前，我二十年来，为蒲松龄遗著向其后裔及县中宿儒时常访求，从未听说过有《醒世姻缘》一书。”

但杨文中“盖实有所指”，倒可能是事实。我们可以和凡例中说的“荡检败德之夫”云云联系起来，不过这是西周生的事。又如“留仙身后”云云，也可能因小说中的托生情节而带来的附会。对于这样一部内容离奇而未署真姓名的小说的作者，自然很容易发生张冠李戴的传说，《金瓶梅》就是一个例子。蒲松龄是淄川人，西周生是章丘人，旧时皆属济南府，《醒世姻缘传》写妖狐投生，《聊斋志异》又多为谈狐说鬼之作，西周生既不可考，便附会在蒲氏身上了。我疑心蒲氏是见到或听说过《醒世姻缘传》的。

小说中晁源之妾诬害发妻计氏、计氏含冤自缢当是山东一件有名的命案，晁家又是当地豪绅，因而引起人民的不平。西周生便作为题材，故意把时代上移一百余年。那一家的后人也知道是在影射他家，故而对小说作者怀恨在心。

胡适曾花了一些功夫，举了些悍妇的事例，说明江城和素姐实同是一人。但所谓悍妇，在妻妾倾轧的旧社会，也是有其社会根源，加上封建士大夫对妇女的偏见，悍妇的形象就更多了。因此，蒲松龄可以写，西周生也可以写，何况两书的具体情节也不尽相同，胡适只是强调了它的相似一面。就主题思想说，《醒世姻缘传》确是在宣扬佛教的因果轮回，西周生本人大概是个佞佛的人，书中一再用“南赡部洲大明国”字样，南赡部洲为佛经中所说四大洲之一。《江城》的主题还是借狐怪以志异。其次，胡适又举蒲氏俗曲与《醒世姻缘传》中同用“待中”“流水”等土语为证。但“流水”（作“马上”“赶快”解）一词，《醒世恒言》二十七回，就有“那禁子流水开门，引见玉英”，《警世通言》二十四回也有“顺小巷流水出城去了”语，可见不限于淄川一地。又如“达”字、“投到”（作“等到”解）、“三层大二层小”这些词汇，《醒世姻缘传》用了，《金瓶梅》也用了。此也可证《醒世姻缘传》为明人作。而有些土语，《醒世姻缘传》与蒲氏俗曲所以同见，则因作者都是济南府的属县人。

蒲氏俗曲，收在《蒲松龄集》（1962 年中华书局版）中的约有六十万字，我们如果择要的细阅几篇，就会感觉，它跟《醒世姻缘传》语言风格的整体其实并不相同。

明代是创作长篇白话小说发达时期，为了敷衍篇幅，不得不虚构一些曲折离奇、节外生枝的情节，因而便插入一些超现实的轮回果报的题材。《金瓶梅》也写西门庆死后托生为他的遗腹子孝哥。孙楷第曾举《曲海总目提要》所载明末人《醒世魔》传奇的故事梗概，说是“格局乃与此相类”。《醒世姻缘传》是否受它的影响，尚不可知，但从各方面特征来探索，此书之出于明末这样一个时代，该是可以肯定的。

总的来说，《醒世姻缘传》是天启、崇祯时山东章丘的一个文士所作。明代的“人情小说”，以它与《金瓶梅》为代表。作者看过许多白话小说和戏曲，但古文修养不及蒲松龄。他既熟悉农村生活，也颇接近达官豪绅。他在北京住过一段时期，对明代的边患阉祸甚为忧愤，对当时的社会生活和各阶层人物的心理状态能留心观察，对丑恶现实也有所暴露，反映了“世纪末”的人情世态。写人物语言有成功地方，有些人物的性格就是表现在他的语言艺术上，写景也很清新自然，例如写明水小庄等。但头绪分散，结构松懈，有几处使人感到冗赘沉闷，又往往夸张得不近情理，缺少生活的真实感，这主要为了追求离奇、凑合关目。但书中的某些故事当是当时的事实。后人因不知作者西周生的生平，于是从乡土上、题材上附会为蒲松龄之作。

胡适说：“我可以预言：将来研究十七世纪中国社会风俗史的学者，必定研究这部书……将来研究十七世纪中国政治腐败、民生苦痛、宗教生活的学者，也必定要研究这部书。”这话倒是对的。无论从社会史、小说史、语言史的角度，这部小说确实还有值得我们探索参考的价值。

补记：

1997年2月，承陈益源先生寄给我一篇《关于〈醒世姻缘传〉的成书年代》，论文作者为台湾清华大学教授胡万川先生。文中举了许多例证，如小说中屡称“本朝”“我朝”以及“永乐爷”“正统爷”“太祖爷”等，都不是小说中人物对话时说的，而是“出现在作者议论或叙述部分”，而在清人写明事或假托背景于明代的一些小说，如《梼杌闲评》《绿野仙踪》《儒林外史》诸书，就径称明朝或前朝。又如七十一回有“这艾虎出在辽东金、伏、海、盖四卫的地方”的话，胡先生说：卫所是明代设置的军制之一种，“尤其辽东地方，更是清朝龙兴之地，这辽东四卫之类的名称，用了恐怕免不了犯忌讳，因此由这个地名的用法，也可证明《姻缘传》不会是清朝时代的作品”。

胡万川先生全文中举的一些例证都很有说服力，这里只能酌举二三。

我最初作《〈醒世姻缘传〉作者非蒲松龄说》一文的意图，只是想否定胡适的说法（现在相信胡氏说法的恐怕不多了）。至于这部小说的作者究竟是谁，我就答不上来，只能说作者是明末的章丘人。我本想将此书重看一遍，看一看书中涉及的“朝章国故”，能否与明代的史事有所疏通参照，可惜目前抽不出时间，徒成一个愿望而已。

1997 年 7 月 20 日

《金瓶梅》和《醒世姻缘传》

鲁迅《中国小说史略》中曾列有“明之人情小说”上下两篇，并首举《金瓶梅》为例，下又举《玉娇李》《续金瓶梅》等书，却未举《醒世姻缘传》[1]。但这部书其实也是属于明代词话小说体系的重要作品，值得我们比较和探索，内容、风格、人物性格都有相通之处。《金瓶梅》的作者为兰陵笑笑生，他的真姓名至今尚不可知。《醒世姻缘传》的作者为西周生，他的真姓名至今也还是一个谜，胡适虽断为蒲松龄，恐也不能视为定论[2]。所以，这两书的作者只能说是“无名氏”。但有一点可以肯定，两书作者的原籍都在山东。兰陵当非假托，即今峄县，在鲁南；西周生的籍贯，我妄测为今章丘，在鲁北，故两书中用了大量的山东土话，富于乡土色彩，也可视为方言文学的代表作。其中难解的词语，《醒世姻缘传》较《金瓶梅》

[1] 鲁迅后来在一九二四年致钱玄同信中曾提到过《醒世姻缘传》，见《鲁迅书信集》。

[2] 另见拙作《醒世姻缘传作者非蒲松龄》一文。

更甚，即使看了上下文也未易遽知，而他们刻画人物性格的生动地方，往往就在那些语言艺术。但《金瓶梅》更接近于话本的原貌。《醒世姻缘传》的写作时期还要后些，大概在天启、崇祯时，语言风格少文而多俚。就两书总的文学价值看，后者自远逊于前者。再从蒲松龄所作的那些俗曲看，有一点又使我们感到有趣的：为什么山东文人写的小说，方言的色彩特别浓厚？

两书都是长达一百回的长篇，内容皆写土豪家庭内部的丑恶淫乱生活。书中的人物，固有统治集团中的上层如达官巨阉之类，但写得性格鲜明，形象活跃。真正具有艺术生命的，却是那些蠕蠕而动、芸芸众生中的中下层角色。这原因，又要从中国章回小说的发展历程上去探讨。

明代造纸业和印刷术的发达，是促成长篇白话小说繁荣的一个物质条件。篇幅的扩大，在内容上自必作相应的充实，于是有以讲史为题材的，如《三国演义》《水浒传》，有以神魔为题材的，如《西游记》《封神演义》。前者敷衍史实，后者寄意神怪，却都是非现实和超现实的，既容易铺排情节，又颇能唤起读者的缅思和幻想，因而也易于招徕读者。但到了后来，又难以满足读者爱新奇的趣味了，只好别开生面，遂有人情小说的创作。所谓人情小说，也即描写社会生活之作，即取材于当时的现实生活，不像讲史、神魔那样，多少有所依傍，而是出于文人的独立创作。《金瓶梅》便是文人独立创作的长篇白话的第一部。但《金瓶梅》反映的虽是晚明的社会面貌，形式上却是托名宋代部分情节，还取材于《水浒传》。《醒世姻缘传》是以明人写明事，称明朝为“本朝”，书中的人物不再是传奇性的英雄豪杰、妖魔鬼怪，却都像是当时读者的亲朋故旧，呼之欲出，似曾相识，使读者既感到熟悉而亲切，又觉得在写实中仍闪射着罗曼蒂克的色彩，有另一种的新奇之感。据《醒世姻缘传》的凡例所说，书中的晁源、狄宗源、童姬、薛媪，虽然“皆非本性”，却是实有所指，也都是以真人真事为模型，我疑心是山东某一土豪家庭因妻妾倾轧而造成的重大命案，可能轰动一时，只是“不欲以其实迹暴于人也”，故而“名姓皆从捏造”。从书中那些豪绅猾吏、恶少地痞、奴婢娼妇以至三姑六婆说的、做的、想的千奇百怪的形象来看，实在可以称为一部“晚明的浮世绘”。特别是妇女群的形象，几乎占据压倒的力量，其中好多人，她们的心理状态都是反常的、变态的，她们的性格都是畸形的，像是阉割过的。我们从晁源之妾珍哥、狄希陈之妻素姐身上，不就可以看到潘金莲的影子？甚至还会想起凤姐来。对于研究弗罗伊德的“精神分析学”的人，也许是一项可以参考的资料。

《金瓶梅》的序文中曾提到《如意传》。《醒世姻缘传》第二回也提到杨太医为晁大舍诊脉时，以《如意君传》作脉枕。《金瓶梅》第二十七回有“潘金莲醉闹葡萄架”的回目，《醒世姻缘传》第七十九回也有“寄姐大闹葡萄架”的回目，内容却毫不相干。又如“潘金莲私仆受辱”和“小珍哥在寓私奴”的回目，恐也非偶合。《金瓶梅》中有服方药的故事，《醒世姻缘传》中也写到，鲁迅《中国小说史略》的《金瓶梅》篇即以“明中叶方士文臣以献方药得幸之影响于小说”为副题。《金瓶梅》第十九回，写夏提刑生日，“叫了四个唱的，一起乐工，杂耍步戏”。步戏即百戏。《醒世姻缘传》第三十八回云：“狄希陈两个眼东张西瞭那里有什么步戏，连偶戏也是没的。”这都是明代官绅之家宴庆时佐兴的节目，也是当时社会生活的真实写照。两书的写作时间，相隔约五六十年，西周生也许已看到《金瓶梅》了。

冯沅君先生曾从《金瓶梅》中考证出许多戏曲、小说的史料（见《古剧说汇》），《醒世姻缘传》也记述了许多这方面的史料。如第一回中珍奇曾说："每次人家出殡，我不去装扮了马上驰骋？不是《昭君出塞》，就是《孟日红破贼》。"这也可考见，当时丧家出殡，还雇女伶扮戏唱曲，而《孟日红破贼》当是当日流行的戏曲。书名冠以"醒世"，固然不脱卫道的习气，但也说明作者认识到了白话小说的社会效果，提高了小说的社会地位。

《醒世姻缘传》的作者出身于山东乡下，曾在北京住过一段时期，又到过西南的镇雄、乌撒等土官所治地区，即今云南、贵州一带。上自达官巨阉，下至贩夫村媪，三教九流，他都接触过，真是"人之情伪，尽知之矣"。由于他对生活很熟悉，所以写一所村庄、一座衙门、一家商店、一些寻常百姓，都可以写得很细致很真切，声色分明，眉眼毕现，绝不是普通作者写得出来的。书中写考场生活、写人身买卖、写钱币制度、写水旱灾荒等，都富于史料价值。就全书反映的社会生活的幅度来看，其广阔的程度超过了《金瓶梅》。作者的思想混合着儒学与佛学，深受宋明理学的熏染，同时对医、卜、星、相、小说、戏曲也看了不少。这种多方面的兴趣，不但使我们窥见了他的文学生活的概况，也代表了明末一部分文士的思想倾向。

明代那些夹杂秽墨的"人情小说"，每多因果报应的说教。《金瓶梅》的序言中，即有"知盛衰消长之机，取报应轮回之事"的话。正文的末回，也写西门庆死后，托生为他儿子孝哥（吴月娘所生），后来孝哥又出家为僧。《醒世姻缘传》中托生的情节更多了，先是狐狸托生为人，后来人又托生为人。那个西门庆型的土豪晁大舍的儿子，却是和尚梁片云所托生。两书的最后主旨，都在劝诫“莫结冤”，解冤之道，只有诵经拜佛，才能大彻大悟。当时那些小说作者未必相信狐狸可以托生为人，但因果报应之说可能相信。这同时反映了皇权统治的没落，由于恶人得不到应有的惩罚，人们只好寄希望于超现实的神权了。但恶人并没有因此而绝迹，相反，从全书中所看到的，在晚明那样的社会里，政治、法律、道德、宗教的功能，统统被恶人摧毁殆尽。由于作者要想自圆其因果报应的创作意图，把一切罪恶的发生归宿于前世注定的孽缘，又喜欢使用夸张的笔调，因而书中好些关键性情节就显得不近情理，不合生活的逻辑，而事物发展科学的规律性的因果关系反而体现不出来了。例如素姐才嫁到狄家，就对丈夫狄希陈发脾气，两个月后，竟然“不是打骂汉子就是忤逆公婆”。狄希陈本是个纨绔子弟，一向受父亲宠爱，整天和一批无赖鬼混着。在和素姐结婚前，就偷了他母亲一匹绵绸送给娼女孙兰姬。按照生活的逻辑，这种人的性格多半是向专横骄狂一面发展，素姐又是一个封建社会的妇女，可是狄希陈在婚后被素姐百般凌辱，却丝毫不敢还手，表现得出奇得怯懦无能。又如珍奇一进晁家，就闹得“家反宅乱”。寄姐在“北京妇人中”，性格也还不甚悍戾，一见小珍珠就像是有世仇一样，用尽毒辣的手段虐待她。这都使人感到很不自然，难以信服，仿佛只是本能的反射，作者所以这样写，都是为了要服从这一因果报应的起点。我们暂且撇开神怪迷信不说，单是从创作方法上来说，也是一种落后的低级的方法，影响了它的思想性的深度，但从某些片断的内容看，也确实有写得出色的地方。例如写人身买卖制度下两个善良少女的悲惨遭遇，作者是倾注着极大的同情来写的，当一个十二岁的丫头领到寄姐跟前，丫头的娘和寄姐讨价还价时，她娘就说："这孩子今年十二了，你一岁给我一两五钱银子吧。"接着，她娘又说："我看奶奶善静，不论钱，只管替孩子寻好主儿。奶奶，你看我容易，给六两吧。我让奶奶十二两银！"丫头娘的这几句话蕴藏着多少辛酸的感情，包含着天下多少丫头的母亲之心。凡是在旧中国过得时间较长的人，他们可能还听到过类似的声音。

在作者塑造的那么多妇女形象中，唯一作为正面人物来表扬的就是晁源之母晁夫人，然而又是一个毫无艺术锋芒的形象，不像写其他妇女那样光泽斑斓、棱角崭然，不过是作者捏出来的泥人似的礼教的化身而已。

如前所说，作者是深受儒释思想影响的卫道之士，因此，晁夫人那样的"女善人""女菩萨"的出现，原是并不奇怪，可是书中却又渲染了不少露骨的色情细节，一些脏语亵文几乎摇笔即来，以致新中国成立前出版的亚东版的本书中，就打了许多的××。这些细节，常常出以挑拨性的手法，但它和《十日谈》作者的反对禁欲主义的主旨又不相同。总之，在好多场合我们就很难分别，作者对书中那些"伤风败俗"的丑恶生活，究竟是在否定和谴责，还是在欣赏和流连？似乎兼而有之。在这一点上，跟《金瓶梅》又有同一倾向，即往往只是一种生物学上的行为。

这种矛盾或许便是所谓潜意识活动的结果：由于它为现实生活中的礼教戒律所不容许只好抑制着，可是一面在不停地活动着，结果就利用别的途径发泄出来，即通过文学艺术的形式表现为"外化”，而被士大夫排除在正统文学之外的小说，恰好成为最合适的利用工具。两书作者所以用笔名而不用真姓名，也是这种矛盾心理的反映。鲁迅译的厨川白村《苦闷的象征》中有论“文艺与道德”一节，也谈到淫猥、贪欲一类罪恶性的题材，所以“在文艺的世界里自由地表现出来”，也是因为“平时受着最多的压抑作用”。

但这种潜意识并不是单纯的生理上、心理上的原因，而仍然是当时历史条件的产物。因为作者生活在晚明那样腐败的社会里，耳濡目染，甚或亲自厮混，等到写作时，这些潜意识就容易流露出来，在不自觉中又含有自觉的因素。同时也告诉我们真要消除这种抑制作用，首先要有一个健全的社会，能够保证人们正常的无邪的情欲生活得到满足。在真正文明的社会里，禁欲和纵欲都是不应当容许的，从而使法律、道德和情欲都能获得和谐与统一。

炉边话明史：社会变局与历史迷思

出版统筹：新华先锋

出版策划：王　铭　木易雨田

特约监制：宋亚荟

营销统筹：董　翘

版权运营：刘　洋

策划编辑：刘　钊

文字编辑：李　娜

封面设计：王　鑫

版式设计：朱明月

责任印制：李　静

不关注，也没关系

新浪微博：@新华先锋

微信公众号：新华先锋